悲しみにおしつぶされないために

対人援助職のグリーフケア入門

水澤都加佐
＋
スコット・ジョンソン

大月書店

はじめに——あなたにとってなぜグリーフケアが必要か

あなたが、援助専門職とか対人援助職と呼ばれる仕事に就いているなら、毎日のように何らかの問題や病気をもっている人と、その家族にかかわっていると思います。援助がうまくすすみ、感謝され、賞賛や評価をもらうこともあれば、援助がうまくいかなかった場合には、クレームをつけられたり、怒りをぶつけられたりするでしょう。もっともつらい場合には、援助の対象者が亡くなることもあるのです。

援助の対象となるのは、病院であれば患者やその家族、学校であれば生徒やその保護者、施設であれば利用者や通所者、カウンセラーであればクライエントなどと、呼び名はいろいろです。共通しているのは、なんらかの喪失にかかわる問題と、それに伴う苦しみや対立の感情を抱えている人が多くいるということです。援助職は、援助の対象者が抱える喪失の渦中にいっしょに分け入っていかざるを得なくなります。援助職の周辺には、いつも喪失が渦まいているといっても過言ではないでしょう。

さて、人間にかかわる仕事というのは、当然、うまくいくこともありますが、うまくいかないこともあります。援助（仕事）がうまくすすまなかった場合、援助職の人たちは大きな喪失感を味わいます。その結果、健康を害したり、抑うつ状態になったり、悲しみや怒りの感情が抑えられなくなったり、自分を責めたり、自己否定感をもつこともあります。また、仕事にのめりこんで「もえつき（バーンアウト）」を起こしてしまうこともあります。

もうひとつ、援助者自身の喪失体験があります。近親者が病気になったり、愛する人やペットを失うこともあれば、離婚をしたり、失恋することもあるでしょう。そのときに、援助者自身はどう喪失に対処したらよいのか。仕事があるからと悲しみの感情を抑圧し、心の奥底に隠しても、その感情はなくなることはありません。ですから、精神的な圧迫が残ります。本書では、このことを「地雷をかかえる」という言い方をしています。また、子ども時代から今にいたるまで、人生のなかでかかえてきたいろいろな喪失もあります。過去のことだし、そんなことは忘れたと思っていても、実際は忘れてはいないのです。これらの喪失に向きあっておかないと、いつか精神的に無理がでてきます。すると仕事にも影響がでます。

つまり、援助職に就いている人たちは、三つの喪失にかかわっているのです。援助対象者の喪失体験、仕事がうまくいかなかった場合の喪失感、自分自身の喪失体験です。そこで、対人援助専門職に就いている人たちには、喪失体験にどう対応し、乗りきっていったらよいのか、グリーフケアへの理解が必須なのです。

この本は、そうした援助専門職の方々が、喪失感やグリーフ（深い悲しみの感情）について理解をし、援助の対象者が喪失体験をしたときに適切な対応ができるように、また、自分自身の抱えている喪失感に向きあい、喪失による心の痛みを癒すために書かれました。皆さんに役立てていただけるように、自分の状態を知るチェックリストや、わかりやすい事例、喪失感から回復するために私たちが使っている手法も紹介しました。

人生は日々刻々と変化します。その日が終わると、その日は二度と戻ってきません。ただ記憶と経験とが残されるのです。喪失は避けがたい人生の事実です。日々の小さな喪失もあれば、その人の人生に重大な影響をもたらす大きな喪失もあります。しかし、喪失からの回復（グリーフワーク）は、喪失体験からの癒しのプロセスとして、人が古代から体験してきたことです。

私たち二人は、日本とアメリカと国は隔てていますが、ともにプロのカウンセラーとして仕事をしています。読者の皆様がつねに変わっていく人生を旅する時に、喪失を受け止め、深く悲しみ、やがて癒され、喪失体験になんらかの意味を見いだすことに役立つであろう方法とプロセスを提供したいと願い、協力して本書をつくりました。

ぜひ、皆様に有効に活用していただければと思います。

二〇一〇年七月　カリフォルニア州バミューダ・デューンズのスコット・ジョンソンの自宅にて

水澤都加佐
スコット・ジョンソン

注・本文の例（○○さんの場合）は、私たちが実際に関わったいくつかのケースを、プライバシーに配慮して、イニシャルや職種等を変えてまとめたものです。

もくじ

はじめに――あなたにとってなぜグリーフケアが必要か

第1章　悲しみの体験とそれを癒す作業……………………11

人生におけるさまざまな喪失　12
悲しみの感情　14
喪失後に現れる初期症状　17
喪失後にでる症状　19
次の段階へ　20
癒しのプロセス　21
喪失によるグリーフが癒されてゆくプロセス　23
グリーフの旅　24
喪失の意味を見いだすとは？　26
グリーフがうまく癒されない場合　31
地雷をかかえて生きていると……　33

不健康なグリーフプロセス　36
援助職は不健康なグリーフに陥りやすい　37
健康なグリーフ・不健康なグリーフの影響　39
グリーフとうつの関連　40
グリーフとうつの比較　42
グリーフワークにとりくむために　43
グリーフワークのチェックポイント　45
グリーフレター（深い悲しみの手紙）　46
メモ　48

第2章　援助職として悲しみに対応する

第2章　援助職として悲しみに対応する……51
援助職としての基本的な対応　52
段階に応じての対応　55
誤った対応とは？　57
罪悪感にどう対処するか　60
批判や抵抗、怒りに対応する　61
境界線をひく　64

境界線・チェック　68
境界線の大切さ　69
自分もグリーフワークにとりくむ　71
ディタッチメント・チェック～援助職としての距離のとり方　75
あなたにできること　76
必要と考えられる援助　78

第3章　自分自身の悲しみの体験と向きあう……………………79

自分の喪失に向きあう　80
アダルトチルドレンという問題　83
人にばかり目を向けていませんか?　86
喪失のライフマップをつくってみる　87
喪失のライフマップ　88
喪失体験が自分に与えた影響を知る　89
グリーフレター　91
さまざまな例から考える　92
セルフケアをする　136

セルフケア・チェック　138
おわりに――悲しみにおしつぶされないために　139

第1章

悲しみの体験とそれを癒す作業

私たちの人生にも
ある時期、冬が訪れる
一年中
花が咲いている植物が少ないように
いつも
春のような気持ちで過ごせる人は少ない

人生におけるさまざまな喪失

援助職に就いている人たちには、三つの喪失のエリアがあると「はじめに」でお話ししました。目の前にいる援助対象者の喪失体験、援助という仕事がうまくすすまないことで起こる喪失感、そして自分の私生活上の喪失体験です。この三つのエリアのなかで仕事をしている援助職の皆さんは、一般の仕事に就いている人たちに比べて、喪失への理解と対処がとても重要になります。

この章では、まず喪失についての一般的な話からはじめましょう。

喪失とは何か。何かをなくすこと、という説明はわかりやすいです。そのなかには、持っているものをなくすだけではなく、与えられないものや、奪われるものが含まれることもあります。大きくは、有形なものと無形なものに分けられます。また、それとは別に一義的な喪失と二義的な喪失とに分けることができます（14頁参照）。

たとえば「財布を落とす」、「鍵をなくす」というのは有形な喪失です。なくしたものは目に見える物質です。「家を火事で失う」のも同じです。ですが、「自信をなくしてしまう」というのはどうでしょう。なくしたものは見えないものなので、無形な喪失といえます。

無形な喪失のほうが、見えない分わかりにくいのですが、この喪失はたいへん重要で、人生に深く関わることが多いのです。人から傷つけられてなくすものはなんでしょうか？　友情であったり、相手に対する信頼感であったり、人間関係全般への安心かもしれません。人間関係で起こる代表的な喪失には、失恋や離婚があげられます。けんかして仲違《なかたが》いした場合もそうです。

自分自身の喪失というのもあります。要するに自分のアイデンティティがなく、なんでも人にあわせてしまったり、周囲と同じになっている状態です。原因がひとつにまとまっていないで、子ども時代の体験や積み重ねからくることが多いので、よけいわかりにくいものです。

それから無邪気な子ども時代の喪失もあります。愛情に包まれ、深刻な心配事もない、子どもらしい子ども時代を生きられなかった人たちは、子ども時代を喪失したと言えます。この人たちは、「AC＝アダルトチャイルド」と呼ばれています。身体的・情緒的に虐待を受けたり、暴言や暴力のなかで育ったり、養育遺棄されていたり、さまざまにつらい子ども時代を生きてきた人たちです。この喪失は、その後の人生に深く関わっています（くわしくは第3章をご覧ください）。

一義的喪失というのは、有形・無形含めての喪失ですが、たとえば泥棒に入られて物をとられるのは一義的な喪失で、その結果、安心感をなくしたとしたら、これは二義的な喪失です。

つまり、一義的な喪失が起こった結果、さらに起こるのが二義的な喪失です。離婚という一義的な喪失の結果、子どもと別れなければならない、または、収入ががくんと減ったというのは、二義的な喪失です。

それから、ケガや病気をして、一時的、あるいは長期的に身体が不自由になれば、車椅子や松葉杖を使って生活をしなくてはならなくなる。一義的には健康の喪失と言えますが、二義的には、日常生活が不自由になりますから、日常生活の喪失とも言えます。あるいはリストラで仕事を失う、リタイアして職場から去るというのは、仕事の喪失ですが、その結果、社会関係の喪失、生き甲斐の喪失、物質的な面では、経済力の喪失をしたと言えます。

このように、子ども期、青年期、中年期、老年期と、私たちには人生を通してさまざまな喪失が起こる可能性があります。喪失とは、特別な人に起こる特別な体験ではないのです。

＊喪失のタイプ
○有形なもの：お金、家、物（認知しやすい）。
○無形なもの：信頼、尊敬、希望、自己肯定感、友情、幸せな子ども時代など（認知しにくい）。
△一義的な喪失：有形、無形含めて喪失と認められるもの。
△二義的な喪失：一義的な喪失の結果、追従して喪失するもの。

悲しみの感情

喪失によって何を招くかというのが次の問題なのですが、一番大きな問題は「悲しみ」です。「悲しみは喪失からやってくる」と言い換えてもいいくらいで、何かをなくすことは悲しみの感情につながります。

では、なぜ悲しみの感情が問題になるのでしょう。たとえば、空気がたくさん入ってぱんぱんにふくらんだ風船も、一日、二日そのままにしておくと、だんだんにしぼんでいきます。そのように悲しみの感情を抱えていると、私たちはエネルギーを奪われてしぼんでいきます。

では、喪失から起こる悲しみの感情にどう対処していくのか。

まず、まずいやり方をあげてみましょうか。何かを喪失し、悲しみの感情がやってくると、よく無意識にやってしまうのは、「悲しみを怒りにかえる」ことです。大きな喪失感をもっている人のなかには、いろいろなことに怒りながら生きている人が多くいます。生きるための本能でもあると言えますが、この問題点は、周囲が不愉快になるので人間関係がうまくいかなくなりますし、人から避けられたり、仕事がうまくいかなくなったりして、結果的にストレスが増えます。

それでは、通常、喪失がどう癒されるかの例をあげてみましょう。

◆Nちゃんの場合

Nちゃんは、幼児時代に、とても大事にしていたウサギの人形がありました。いつも持っているので、ぼろぼろになってしまいました。お母さんはとうとうウサギの人形を捨ててしまいました。

「私のウサちゃん、どこにやったの?」とNちゃんがきくと、お母さんは「もうぼろぼろだから捨てたのよ」と答えました。「ひどい！　お母さんなんてきらい！」とNちゃんは、悲しみを怒りに変え、お母さんにぶつけました。

やがてNちゃんは、幼稚園へ通うようになりました。友だちもでき、だんだんにウサギの人形のことを忘れていきました。ウサギの人形をなくしたときの激しい悲しみと怒りの感情は薄れ、過去のものになっていったのです。

Nちゃんは大人になりました。ウサギの人形のことは忘れていません。でも、「そういうことがあったな」と思い出してみても、子どものころのような激しい感情はよみがえりません。

このようなことは、誰でも大なり小なり経験しています。この例からもわかるように、月日がたつにつれ、悲しみや怒りの感情は薄れていくものです。日常生活のなかで癒されていくといっていいでしょう。

たとえば、職場で上司に注意されれば、自信をなくしたり、あるいは上司に怒りをもつかもしれません。しかし一カ月後には、注意されたことは覚えていても、ずっと自信をなくしたままであったり、上司に怒りをもったまま仕事をしているでしょうか。きっと、新たな仕事をしているうちに別の意欲がでてきたり、注意されたことを反省して乗りこえている人のほうが多いはずです。

ただ、喪失の体験があまりにも深いものであったり、大きなものであったり、長期間同じような状況にさらされた場合は、その影響はかなり続きます。悲しみの感情を癒すことも、なかなかうまくいきません。子ども時代に受けた虐待などは、この最たる例です。大人になっても大きな影響として残ってしまいます。それがいわゆるＡＣ（アダルトチャイルド）と呼ばれる人たちです。

このように喪失が癒されていない場合は、大人になってから、子ども時代の喪失体験に向きあうことが必要です。このことは第３章でくわしくお話しします。

喪失後に現れる初期症状

では、喪失をした後にでてくる症状について見ていきましょう。

喪失が起きると、人は喪失感を癒すためにいくつかのプロセスを通ります。このプロセスを理解しておくことが、悲しみを癒す作業（グリーフワーク）に役立ちます。

まず、最初に大きなショックが起こります。ガツンという感じです。そして、その喪失を否認しようとします。「うそでしょう！　本当のことではないでしょう」、「信じられない」とか「みとめない」という言い方もします。

それから、先ほどもふれましたが、怒りが出てきます。「なぜこんなことが起きたんだ」、「こんなことが起こるなんてゆるせない！」というふうに。

身体的には、息が切れたり、胸が重くなったり、あるいは喉《のど》がつまったような感じがしたりします。食欲がなくなったり、集中力がなくなったりすることもあります。パニックを起こす人もいます。不眠になったり、夜中に急に目が覚めたり、あるいは頻繁《ひんぱん》に目が覚めるという、睡眠障害を起こすこともよくあります。

次の段階は、「やりとり」とか、「かけひき」と呼びます。「なぜ、あのときこうしておかなかったのか」とか「あのときこうしておけば、こうはならなかったのではないか」と、自分の行動を悔やんだり、やり直したいと願ったり、自分に罪悪感をもったりします。自分が悪かったのだという、自分を責める思いです。

もし、誰かを亡くしたのであれば、自分だけこのまま生きていっていいのだろうかと、自分の生に疑問をもったり、あの人がいないなら自分が生きている意味はない、というように自己否定感をもったりすることがあります。不安を抱えておびえたり、小さなことにも恐れをもったりします。

さて、ここでお伝えしたいことは、このようなさまざまな症状は、すべて自然の反応だということです。けっして異常なことではありません。誰もが体験する一つのメカニズムだと思ってください。このような症状を持ったところから出発し、私たちは、少しずつ癒しのプロセスを歩んでいくのです。

喪失後にでる症状

＊のどがつまったような感じがしたり、胸が重かったり、息がきれる。
＊食欲がなくなる。
＊パニック状態になり、逃げだしたり、自己破壊的な考えにおそわれる。
＊まるでその喪失が実際にはなかったと感じる。
＊周囲や自分に怒りを感じる。
＊時には後ろめたく、自分を責めたり、罪悪感を感じたりする。
＊落ちつかず、何かをしようとするが集中できない。
＊目的もなくうろついたり、やり始めたことを忘れたり、最後までやりとげられなかったりする。
＊周囲に思いやりをなくし、いらつき、怒りながら応答しがちになる。
＊周囲に苦しそうな人がいると、自分が世話をするべきだと感じるが、自分の喪失については語らない。
＊少しのことにも不安になり、このまま自分は生きていけるだろうかと思う。
＊人に会いたくなくなるが、一人っきりでいると不安になる。

(親しい人を亡くした場合)
＊故人が存在しているように感じる。定時にドアから入ってきたり、声が聞こえたり、顔が見えたりする。
＊なかなか寝つけず、頻繁に亡くなった人の夢を見る。
＊亡くなった人の生活に極端に執着する。
＊故人のくせや特徴をまねる。
＊故人と関連して起きたこと、あるいは起こらなかったことを自分の責任だと感じたり、怒りを感じたりする。
＊自分を残していった故人に対して怒りを感じる。
＊何度も語ることで、故人に関することやその死の経験を覚えている必要があると思う。
＊思いがけないときに泣きだす。

次の段階へ

さて、この症状は次にどのように変化していくのでしょうか。

おさらいをすると、最初の段階は、ショック、否認、そして混乱。日常生活が中断し、今起きている状況に対処できなくなります。パニックの状態に陥る人も多いです。これが最初のステージです。

少し時間がたちますと、今度は怒りが出てきます。たとえば病気で家族をなくした人は、医師や看護師に怒りをぶつけ、事故でお子さんをなくしたなら、加害者に怒りをもつでしょう。漏電による火事なら、消防自動車が早く来てくれなかったと消防士に怒りをもったり、近所の人が助けてくれなかったと怒ったり……。怒りは広範囲におよびます。また、自分に対して怒りをもつこともあります。

その次の段階は、「やりとり」とか「かけひき」、「取り引き」とも呼びます。なぜ自分があのときこうしなかったかとか、あのときこうしていればこうはならなかったのではないか、というように、自分にとって不条理な喪失体験に対して、自分がこうしておけばこうはならなかったのではないか、と思います。これを、「喪失に対する合理化」とも呼びます。

そこを通りすぎると、今度は孤立感に襲われ、気分が落ちこんだ状態になります。また同じようなことが起きるのではないかという、恐れや孤独感が心と体を満たし、混乱します。とても不安になり、不安定な精神状態です。でもこの段階を通ってこそ、つぎのステージに移っていくのです。

癒しのプロセス

　さて、やっと思いきり泣ける段階に近づきました。最初の段階では、ショックで泣き叫んだり、パニックを起こしたりしますが、この段階では、あらためて喪失を認め、受け入れるので、感情の深いところから悲しみがせりあがってきます。そうして、静かに、心の底から泣けるのです。

　これは、やっと自分が何を喪失したのかという、喪失の事実を受容できる段階にきたということです。自分の喪失の体験が、自分の情緒の深いレベルまで落ちてきた……といいましょうか。

　そして、喪失を認めたうえで、新しい人生を模索しはじめます。喪失は体験したけれど、自分の人生はまだ終わっていないんだ、ということに気づきはじめる段階です。

　最初のうちは、もう、これで自分の人生は終わりだと思ったりするのです。たとえば、「あの人なしでは、生きている意味はない」、「あんな大事なものを奪われて（あるいはなくして）、なぜ生きていられるのだろう」と。自らの死を願ったり、状況によっては自死・自殺をする可能性もあります。失恋をして自殺する人もいます。しかし、この段階まで到達すれば、「自分の人生はまだ終わっていない。生き続けなければならないんだ」、「あの人のためにも生きよう」と思えるのです。

　やっと最終段階がきました。ここでは、「自分の人生をもう一度やり直そう」と、新たに人生に向かう意欲がでます。大事なのは、ここまで行きついたということは、喪失体験前の自分に戻ったのではないということです。大きな喪失を通りぬけたことによって、ひとまわりもふたまわりも大きな自分に成長し、新たな人生を自分でつくっていこうと決意しなおすのです。大きな喪失の事実に対する記憶が消えるということはありません。それを踏まえたうえでの、新たな決意や感情があなたのなかに発見できるでしょう。そうして、自分の失ったものが、いかに自分の人生で大切であったかということに気づくと、この喪失が自分に与えてくれたもの、気づかせてくれたことに思いがおよびます。喪失は自分にとって無意味ではなかったと気づくのです。

ご家族をなくしたのなら、その人がいかに自分を大切に育ててくれたのか、いかに大切なものを自分に与えてくれたのか、そして、その死が自分におよぼしたつらい感情から、自分がいったい何を学んだかと考え、思いをめぐらせます。

病気で健康を失った場合もそうですね。何度も再発をくり返し、何度も入退院をくり返し、何度も手術を受けた人が、それほど大変な経験をしているにもかかわらず、こうおっしゃることがあります。「あの病気をしたおかげでいまの私がいます」

これはなかなかわかりにくい実感です。とてもつらい思いをしたはずなのに、「あの病気をしたおかげで」という言葉がでるのは、どんな喪失にも意味があるということではないでしょうか。どんなにつらくて悲しい体験にも、その人の人生にとっては何らかの意味があるのでしょう。また、裏をかえせば、そういう喪失体験まで含んではじめて、かけがえのないあなたの人生なのだと言えるでしょう。

喪失によるグリーフが癒されてゆくプロセス

ステージ1　ショック／否認。混乱する。喪失が大きいと日常生活が中断する。

ステージ2　怒り／悲しみを怒りに変えるのは自然な流れである。

ステージ3　やりとり、かけひき／不条理な喪失に対して、もしこうしていたら起こらなかったのでは？　と心の中でかけひき、やりとりをする。喪失を合理化しようとする。

ステージ4　孤立感／抑うつ感（落ちこみ）を感じる。物事に納得ができず、孤独感や恐れ、混乱を感ずる。

ステージ5　受容／喪失体験が情緒の深いレベルに達する時期。喪失を認め、人生を歩む選択をしはじめる。自分の人生が喪失によって終わったのではないことを理解する。

ステージ6　再創造（人生のやり直し）／自分の人生を再び歩もうとする。そのさいに、喪失にどんな意味があったのかを受け止める。喪失を踏まえ、再び自分と周囲の人との関係でなにを再構築していくかを考える。

*癒されるプロセスは、一直線ではありません。人によってさまざまなコースをたどります。ステージ3からステージ1に行ったり、それからステージ5に行ったりもします。そのことには心配はありません。

ステージ1
（ショック、否認、混乱）
ステージ2
（怒り）
ステージ3
（やりとり、かけひき）

ステージ6
（再創造）
ステージ5
（受容）
ステージ4
（孤立感、抑うつ感）

喪失の意味を見いだすとは？

喪失の意味を見いだすとはどういうことでしょうか。一つ、わかりやすい例をあげましょう。

Mさんの家に泥棒が三回入り、ほとんどの貴金属が盗まれました。なんと、二年間に三回泥棒に入られたのです。これは本当の話です。

親の代から受け継いだ貴金属や、高価なものはほとんど盗まれてしまいました。最初の一週間、家族全員が肩を落としました。「あれはお母さんからもらった大事な指輪だったのに」とか、「あの時計は二度と買えないものだ」と。失意のどん底です。

しかし、時間をかけて癒しのプロセスをたどり、最後の段階に行きつく頃、Mさんはこう気づきました。「盗まれてしまったものがなくても、僕は生きていけるんだ」と。つまり、貴金属や高価な品々は、Mさんにとって大事なものだったし、とてもほしいものではあったけれど、自分の人生に絶対必要なものではなかったのです。なぜなら、それらが盗まれても、Mさんは生きていくのに困ることはなかったのですから。

Mさんは、ほしくはあったけれども必要でないもののために、大変なお金をつかっていたことに気づいたのです。親の思い出の品は大事だけれど、物はなくなっても、大切な思い出は消えません。それ以降、街を歩いたり、ウインドウショッピングをしたりして、「ほしいな」と思うものがあっても、ローンをくんでどうしても買わなければならない、という気持ちにはならなくなりました。

５カラットのダイヤモンドはきれいだけれども、あるいはほしいけれども、自分が生きていくのに絶対に必要なものではないでしょう。Ｍさんは、必要なものとほしいものとの区別がつくようになったのです。これは、喪失の意味を見いだしたいい例です。

それでは、うまくいかなかった場合もお話ししましょう。

◆Ｙ美さんの場合

Ｙ美さんとＷ夫さんは、恋人同士でした。

婚約をしたのですが、Ｗ夫さんには別に彼女がいることがわかり、破談になりました。Ｙ美さんは、「まさかＷ夫さんがそんな人だったなんて……」と、悲嘆のどん底へ落とされました。人生をいっしょに歩もうと思った相手から裏切られたのです。

Ｙ美さんの悲しみは怒りにかわり、Ｗ夫さんを罵倒《ばとう》したり、物を投げつけたり、あげくのはては、精神科からもらってきた向精神薬をまとめて飲んで、自殺未遂を起こしました。

しかし、実際のところ、Ｙ美さんの悲しみは癒されなかったのです。そこで、Ｙ美さんがどうしたかといいますと、彼女に好意を寄せていたボーイフレンドと、半年も経たないうちに結婚してしまいました。

そして赤ちゃんも生まれて、よちよち歩きになったころのこと。じつは、Ｙ美さんはＷ夫さんのことが忘れられずに、手紙やメールをとってありました。それらを、子どもが寝た後にとりだして読んでは、W夫さんのことを思い出していたのです。そうしているうちに、結婚した相手を、ほんとうに愛してはいなかったということに気づいてしまいました。

Y美さんは、W夫さんに連絡をしてみました。W夫さんは、前につきあっていた女性とはすでに別れていて、Y美さんを捨ててまで、その彼女とつきあっていく気はなかったと打ち明けました。

二人は、また会うようになりました。結局、Y美さんは離婚して、W夫さんと再婚したのです。

Y美さんは、悲しみを一時的に癒すために、身近にあるもの、あるいは人にすがってしまいました。喪失の感情にしっかり向きあうことも、喪失を癒すプロセスも歩もうとせずに、逃亡してしまったのです。さらに、喪失の渦中の平静ではない感情のまま、人生の重大な決断をしてしまいました。後でその行動が誤りだったということに気づくのですが、こういう例はけっこう多いのです。ドラマにもよくでてくるでしょう?

この例は、人間関係で悲しみを癒そうとしたのですが、アルコールや薬物で癒そうとする人たちもいます。けれどこのやり方は、後に問題を大きくしたり、かえってストレスを増やしたり、とりかえしのつかない結果に陥ることがあります。

さて、もうひとつ、まずいやり方をお話ししましょう。人のせいにするということです。この場合は、喪失の意味を見いだしにくくなります。

◆Iさんの場合

Iさんは、わりあい裕福な家庭に育った女性です。

両親はきちんとした考えをもっていて、「こうすべき」とか「こうあるべし」という価値観でIさんを育てました。Iさんもそれを守って成長しました。Iさんは、一流の高校・一流の大学に入り、卒業して両親のすすめる相手と結婚しました。ところが、結婚生活がうまくいかなくて、離婚をしたのです。

その後、Iさんは再婚をしたのですが、その結婚もあまりうまくいきませんでした。あるときからIさんは、自分の人生がうまくいかないのは親のせいだと思うようになりました。親のいうことを信じて、一生懸命やってきたのにうまくいかなかった。そのうえ、あれもやらせてもらえなかった、これもやらせてもらえなかったと、自分の人生の不満をすべて親にぶつけました。

Iさんは、人生において自分で責任をもってなにかを選択したことは一度もなかったのです。

いかがでしょうか。先ほどの、病気になっても「おかげで…」と言えるような、喪失の意味を見つけられる人と、Iさんでは大きなちがいがあります。

喪失の意味を見いだすということは、その人の人生にとって、じつはとても大切なことなのです。それを見いだせた人には、その喪失は「グッドグリーフ（＝すばらしい悲しみ）」になります。

また、そうならなければ、喪失体験の意味はないといってもいいのではないでしょうか。ただ、悲しくてさびしくてつらい体験になってしまいます。

誰でも人生において、大なり小なりの喪失は避けられません。たとえば、どんなに愛しあっている恋人同士でも、心が変わってしまうということはありますし、ずっとお互いを思って年を重ねた夫婦でも、最期のときにはどちらかが先に行かざるを得ないでしょう。

親を亡くしても悲しいですが、子どもを失う場合もあるのです。とてもつらいことですね。でも、こうした悲しい喪失が起こる現実というものを、私たちは受け入れて生きるしかないのです。

現実を受け入れるということは、喪失を癒す（グリーフワーク）際に大事な要素になります。現実の重さを受けとめないと、喪失は癒されません。現実を認めることは、ある覚悟と力が必要です。

いろいろな現実があるでしょう。たとえば、急いでいる日に道路が混んでいたり、お金が必要なときにお金がなかったり、やっとお金が貯まったら急な出費が重なったり、長生きしたいのに病気になったり、一生懸命勉強して大学に入って大企業に勤めたら会社が倒産してしまったり……。こういう現実は世のなかにいくらでもあるのです。そういう厳しい現実を一つひとつ、私たちはどうやって受け入れていくのか。このことは生きるうえでとても重要ですね。現実を受け入れずに生きていくのは、本当はとても苦しいことなのです。

グリーフがうまく癒されない場合

それではここで、悲しみを癒す作業（グリーフワーク）がうまくいかない場合について、なにが問題になっているかをおさえておきましょう。このことは、援助をするときに非常に役立ちます。

グリーフワークがうまくいくことを「健康なグリーフ」、うまくいかない場合を「不健康なグリーフ」と呼ぶことにします。不健康なグリーフは、ステージ4の孤立感・抑うつ感を感じる段階に留まってしまうことが多いのです。

原因には次のことが考えられます。喪失後に生まれるさまざまな症状についてはお話ししましたが、これらの怒りとか悲しみなどの感情を抑圧し、表へ出さないで一見どこかへ葬り去ってしまうということです。「何でもないことだ」、「どうってことはない」と、自分のなかに湧きあがる感情から目をそむけ、無理矢理抑えてしまった場合です。

でもなぜ抑圧してしまうのでしょうか。一つは単純に、そういう感情と向かいあうのがつらいということがありますね。考えないようにして、仕事やほかの熱中できることに意識をそらして、逃げてしまうのです。

もう一つは文化との関係です。感情を表に出すことは、社会ではあまり奨励されていません。たとえば怒りの感情を出せば、「大人気《おとなげ》ない」、涙を流せば、「弱い人だ」と言われたりします。社会のなかでは、感情的な人間というのはあまり評価されず、反対に、何の苦労も感じさせずにやりとげる姿が賞賛されるという、一つの文化的価値観があるのです。ですから、うれしさや楽しさの感情はともかく、怒りや悲しみといった否定的な感情のほうは、無意識に表現を抑えてしまうのです。

さて、抑圧した感情はどうなってしまうでしょう。葬り去られたのでしょうか。いえいえ、そうではありません。「地雷」となって心に埋められたのです。埋められた地雷は、新たな喪失体験をしたときに、爆発する危険があります。

たとえば、恋人と別れた人がいるとします。別れは悲しいはずなのに、泣くことも怒ることもなく、さびしさを表現することもなく、普段と変わることなく猛烈に仕事を続けました。この感情は地雷となって埋まっています。

そこに、別のちょっとした喪失が起こります。仕事でミスをし、上司に注意をされました。たいしたことではなかったのに、カッとして、「仕事がうまくいかなかったのは、あなたのやり方がまずいからだ。自分のせいではない！」と、上司に向かってどなってしまいました。

普段なら、注意されたことを受け止め、すぐに失敗を克服できる人なのです。これが、地雷を踏むということです。仕事のミスがきっかけとなって、恋人との別れの感情を抑圧してつくった地雷を踏んで、抑えていた感情が爆発したのです。このように、地雷は次の喪失が起こったときに踏みやすいのです。おどかすわけではありませんが、地雷は一つだけということはあまりなく、一つあればたいていはたくさんの地雷を抱えていることが多いのです。

地雷をかかえて生きていると……

もうひとつ、例をあげましょう。

母親を数カ月前になくした妻がいます。ある晩、夫が、「今日のカレーライスはあまりからくなかったね」と言いました。すると、妻は急に涙をうかべて叫びました。「あなた、そんなに私のつくったカレーがいやなら、自分でつくればいいでしょう。一生懸命つくったのに、あなたってひどい人ね！」

何気なく「からくないね」と言った夫はびっくりです。普通だったら、「あらそう、じゃあ次はもう少しカレー粉を入れようかしら」で、すむはずの話なのに。

妻は、親を亡くした喪失感が癒されていないのです。それが地雷になっていたのです。夫の一言が引き金になって、喪失の悲しみや怒りの感情が二乗、三乗になってでてきた。地雷を踏んで爆発してしまったのです。

これが地雷を抱えて生きる、ということです。こうなると、人間関係がどんどん破綻《はたん》していくこともあります。地雷が多いほど連鎖的です。

不健康なグリーフは、1ショック・否認、2怒り、3やりとり・かけひき、4孤立感と抑うつ感、まではだいたい健康なグリーフのプロセスと同じようにすすみます。

ですが、「何でもないことだ」と喪失を受け入れずに、喪失に伴うさまざまな感情を自分の深いところにしまってプロセスをすすんできた結果、4の孤立感・抑うつ感で停滞してしまいます。喪失体験は内面化され、喪失による否定的な感情が自分の内面でくり返し起こるのです。その結果、自己否定感がでて、自分はダメだ、と思うようになるのです。

この自己否定感というのが、また新たな火種になり、さまざまなことで反応します。そのうちどうなるかといいますと、自分が楽しいのか辛いのか、さびしいのか、それとも普通なのか、自分の感情が自分でつかめなくなっていきます。感情がマヒして、無感覚になってしまうのです。

自己否定感を抱いたり、無感覚な状態がずっとつづくというのが、不健康なグリーフの結果です。そのまま、うつ状態になって、人とつき合わなくなってしまう人もいます。夫が亡くなってから一〇年くらい家に引きこもっている人を、私は知っています。一〇年間、買い物にも行けません。お客さんが来れば、出てきて挨拶くらいはできるのですが、すぐに部屋にひっこんでしまいます。このような状態になったら、ほうっておかないで専門家の援助を受けるべきです。

自己否定感や無感覚だけではなく、その結果ともいえるのですが、人を愛する力をなくしてしまいます。周囲とつながる力もなくなります。今、生きている感覚がないのですから、季節感などもありません。たとえば、桜が咲いていれば、健康なグリーフプロセスにいる人たちは、「亡くなったお母さんと桜を見て楽しんだわ」と、悲しいけれども思い起こしたり、そのことを誰かに話したりするでしょう。けれど、不健康なグリーフプロセスにいる人は、桜が咲いているということはわかっても、

「だから、なに?」という感じなのです。雪が降ってきても「寒くていやね」と言うだけです。「小さい頃、よく雪だるまをつくって遊んだなぁ」とか、「雪合戦をしたな」、「○○ちゃんといっしょに雪かきをしたな」という思い出が浮かんでこなくなります。

その極端な例は、アルコール依存症の人たちです。桜が咲いても、雪が降っても、連想するのは「酒」。今が春か夏か秋か冬かという季節感がないのです。今、そこにあるものとつながりがもてず、孤立しています。

*不健康なグリーフが招くもの

(1)愛する力を減少させる。
(2)周囲の人との健康的なつながりをブロックしてしまう。集団の中で機能しない。
(3)自分に対するよい感情を減少させ、自己否定感をもつ。
(4)人生における方向性や目的を見失う。
(5)正直さが蝕《むしば》まれる。
(6)自分にとってなにがベストかの判断をおかしくする。自分の本音がわからなくなる。
(7)選択肢を誤る。

不健康なグリーフプロセス

＊不健康なグリーフは、孤立感や抑うつ感（ステージ４）で留まることが多く、喪失やそれに伴うすべての感情が抑圧される。この抑圧された感情は地雷となり、新たな喪失体験を持った時に爆発する。このサイクルは何度もくり返される。

ステージ１　ショック・否認

ステージ２　怒り

ステージ３　やりとり、かけひき

ステージ４　孤立感・抑うつ感

ステージ５　抑圧・否認／喪失を受け入れないで、喪失に伴うさまざまな感情を抑圧する。否認によって覆い隠される感情は葬り去られたわけではなく、情緒的な地雷となる。

ステージ６　自己否定感／喪失体験が内面化され、喪失による否定的な反射が起きる。何か自分がまちがっているのではないか、と思うようになる。

ステージ７　無感覚／人とかかわれない。周囲とつながりをもてない。自分がなにを感じているかわからない。

援助職は不健康なグリーフに陥りやすい

援助職に就いている人たちは、援助の対象者のために自分の感情を抑圧することが多くなります。ですから、不健康なグリーフプロセスに陥りやすいと言えます。自分より人の世話をやかなくては……と思いがちですし、あるいは、辛さを仕事に埋没することで忘れようとしがちです。そういう人たちの多くは、バーンアウト（もえつき）します（くわしくは『仕事で燃えつきないために』水澤都加佐著・大月書店参照）。

ただ、グリーフワークにしても、「もえつき」にしても、ちゃんとした知識をもって、対処法も知っておけば、だいぶ救われるのです。自覚することだけでも力になります。グリーフのプロセスを理解し、今、自分がこの段階にいるなとか、少し休息が必要なんだなとか、今はとてもつらいけど、もう少しすすめば新たな展開があるかもしれない、と思えるとずいぶんちがうでしょう。

ですから、援助職に就いている人たちは、この不健康なグリーフについてもしっかり理解しておいていただくとよいです。不健康なグリーフの恐ろしいところは、判断力が弱くなり、自分自身の人生の方向性を見失いがちになるということです。そこへ先ほども申し上げたように、新たな問題や喪失体験が起きると、喪失のくり返し＝慢性化が起こります。だんだんに地雷が増えていきます。すると、電車のなかで足を踏まれただけでもけんかになったりします。すぐに切れてけんかをするのは、地雷をたくさん抱えた人かもしれませんね。地雷をたくさん抱えて生きていると、新たな問題が生まれます。うつ、睡眠障害、摂食障害、その他いろいろな問題につながりやすくなります。

地雷には大小あります。たとえば線香花火くらいの小さな地雷なら、火をつけるとパチパチッとはじけますが、大やけどはしません。でも、ダイナマイトくらいの大きなものだと、火がついたら大変です。本人も大変ですが、周囲の人はいっせいに逃げたほうがいい。

でも、何の地雷もない人はいないと思います。私も子どものころ抱えた地雷をまだもっていると思います。私は一九四三年生まれです。戦争が終わる少し前、父親と姉は東京に残り、後の家族は関東のある県に疎開をしました。戦後も、私たち兄弟は学校があったので、疎開先にそのまま残ったのです。家族がばらばらになり、住みなれない土地で、都会から来たというのでいじめにもあいました。そのころ私が抱えた不安は、いまだに尾を引いています。「見捨てられ不安」とか「自己否定感」という感情でしょうか。この感情は子どものころは大きかったのですが、だんだんに小さくなりました。でも時折、ちょっとしたことで、この地雷を踏んで、ものすごく感情的になったりします。あ、今地雷を踏んでしまったのだな、と自覚できます。こうして、自分の抱えている地雷に自覚的にとりくんでいくと、ダイナマイトのような地雷も線香花火くらいまで小さくなっていくものです。

地雷を抱えて、不健康なグリーフのサイクルをくり返す人には、うつ、睡眠障害、摂食障害、社会不安障害、恐怖症、ギャンブル依存症、セックス依存症、アルコール・薬物依存症、仕事の効率が上がらない、低い自己肯定感、人間関係全般に及ぶ問題がでる可能性があります。

健康なグリーフ・不健康なグリーフの影響

健康なグリーフからは……	不健康なグリーフからは……
癒し	ダメージ
現在に焦点が当たる	過去に焦点が当たる、将来に対する恐れ
情緒的な目覚め	情緒的マヒ
健康な関係性、境界がある関係	不健康な関係性、依存した関係
大切なこと、重要なことが明確	何も大切なことがない
人生に意味、意義を感ずる	人生が無意味に感じられる
人生の方向性や目的が明確	人生の方向性、目的を失う
本音が明確	真の自己を認知できない
正直であろうとする	装って生きる
人生のさまざまな時期を受け入れる	混乱と内面的葛藤がある
精神的・身体的に健康	精神的・身体的病を抱える

グリーフとうつの関連

そこで、もうひとつ大事な点は、うつとの関係です。まず、グリーフとうつとはちがうということを、はっきりさせておきましょう。

グリーフでは、普段より感情や気分が激しくなっていますから、一日のうちに感情のめまぐるしい変化があります。感情、気分は変わります。でも、うつの場合は、気分や感情に変化がほとんどおきません。活発な感情の動きは感じられません。グリーフでは、基本的に悲しみの感情を表現できますし、泣くこともももちろんあります。けれど、うつだと、あまり泣きません。

グリーフの場合は、喪失に伴う罪悪感を抱いたり、一時的に世の中を空虚で無意味なものと感じたりします。また、孤独になりたいと思いますが、人と絶縁してしまうわけではなく、暖かい言葉をかけられれば応じ、人の思いやりを理解できます。なにより、周囲の人も悲しんでいる人を助けたいと思うでしょう。これがうつの場合だと、ひきこもったり、基本的に他者にあまり反応しなくなります。自分を否定する気持ちが強くなり、罪の意識に長期的にとらわれるような感じで、他者の働きかけにもあまり反応しません。周囲の人たちは、うつの人に積極的にかかわりたいとは思えないでしょう。

このようなちがいはありますが、ふたつには関連があるのです。喪失体験の後に、休みもとらないでひたすら働いていると、癒されていない喪失感を抱えることになります。もし、もえつき（バーンアウト）の経験があるとか、バーンアウトしそうなまでがんばっている人は気をつけてください。喪失体験後に、グリーフワークをちゃんとせずに、仕事にのめりこんだときには、もえつきからうつに移行しやすいのです。また、地雷を抱えている人もうつに移行しやすいでしょう。

このごろはよく、「うつかもしれない」、「うつじゃないの？」なんていう会話を耳にします。ちょっとした悲しみやちょっとした喪失、また仕事がうまくいかないときに、「私はうつかもしれない」と言ったりもします。でもこれはちょっとちがいます。クリニックが急激に増え、「うつ」と診断し、薬を出すところが多いようです。向精神薬もあれば、睡眠薬もあります。薬はたしかに劇的な効果がありますが、その人が根本に抱えている問題、地雷の除去はできません。ですから、一度治って仕事に復帰しても、再発する人が多いのです。感情がマヒして、無表情、無気力になっているうつの人が、薬を飲んで、会社へ復帰しても、同じ働きかたをしていれば再発します。

このように、グリーフとうつとは症状をみてもちがうのですが、不健康なグリーフが、うつをまねくことがあるのです。健康なグリーフのプロセスをすすむことで、この危険はまぬがれます。また、セルフケアをすることも重要なポイントになります（第3章参照）。

援助職に就いている人たちは、人のために働くのは得意ですが、自分のためのケアは不得意です。自分のケアをすることは、喪失で悲しんでいる人に助言をするときにも有効です。そのためにも、まず援助職に就いている人たちには、セルフケアの必要性を身をもってたしかめていただきたいものです。

グリーフとうつの比較

	うつ	グリーフ
感情	気分や感情に変化がほとんどない。	通常より広い範囲の気分や感情がある。
気分	一貫して、枯渇感、知的な停滞、拒食、過食、性的な興味の減退、脅迫的なコミュニケーションが見られることがある。	一日のうちに感情のめまぐるしい変化がある。一週間で、気分、行動、コミュニケーション、食欲、性的な興味も変化する。
怒りの表現	内に向かう。	対外、内的な両方向に出る。それを表現できる。
悲しみの表現	容易に泣けない。もしくは泣くことをコントロールする。	泣く。
自己についてのイメージ	自分は悪く、無価値だと確信する。自分を罰する考えに集中し、罪の意識にとらわれる。	喪失に伴う罪悪感を抱く。世の中を空虚で無意味なものと思う。喪失のみにとらわれる。
反応	固定的。孤独へのおそれがあるが、他者にあまり反応しない。	周期的。孤独になることを望むが、温かみや関わり合いには反応する。
悲しみ	けっして楽しむことはない。ユーモアのセンスはない。	時々、楽しんではいけない、と思うことがある。ユーモアのセンスはある。
他者の反応	いらいらする。すすんで連絡しようという気にならない。	助けたいと思う。

"Medical Care of Dying"2nd Edition<Victoria Hospice Society,Victoria,British Columbia,Canada,1993

グリーフワークにとりくむために

この章の最後に、もう一度、グリーフワークについておさらいしておきましょう。

健康なグリーフとは、喪失の痛みから段階を追って回復していくまでのプロセスです（23頁参照）。このプロセスは、いくつかの段階を踏みます。自分の抱えた深い感情に気づき、それを受け入れるには、なんといっても時間が必要なのです。あせってはいけません。その感情が自分にとってなにを意味するのかを理解するまでには、さらに時間を要します。

また、このプロセスは一直線に進むものではありません。健康なグリーフプロセスであっても、1→6のステージ通りに進むとはかぎらないのです。いったりきたりすることもあります。人それぞれが、その人独自のプロセスによって、喪失による深い悲しみを癒していくのです。

それでも、グリーフワークにあたっては共通したポイントがあります。

- 自分の感情に気づこうとする。そのすべてを引き受ける気持ちでのぞむ。
- 癒しのステージを無理に推し進めようとしない。
- 十分な時間をかけ、流れに逆らわないようにする。
- 自分を信頼し、もし、あともどりしているように感じても気にしない。

・自分にとって安全な場所を確保し、信頼できる人とだけ、感情を分かちあう。
・話したいと思ったら、信頼できる友人に自分の気持ちを話す。
・始めたい時に始め、やめたい時にはやめる。一区切りついたら通常の生活にもどる。
・サポートを得る。信頼できる人がそばにいると、グリーフワークはよりよくすすむ。
・もし、自分の状態が悪くなっていると感じたら、カウンセラーなどの専門家に相談をする。

グリーフワークの最中は、感情が激しく、敏感になっています。喪失後に出てくるさまざまな感情は、自然に出てくる感情とはいえ、怒ったり、人を恨んでみたり、人にあたってみたり、現実を嘆いたりしますから、「自分はだいじょうぶだろうか」と不安になります。いつまでもこんな状態でいいのだろうか、私は不健康なグリーフをしているのではないか、うつになっているのではないか……。心に打撃を受けて弱くなっていますから、とても心配になります。でも、これだけはたしかです。喪失後の悲しみを受け入れないで、その感情のうねりに身を任せないで、閉じこめて抑えつけて知らないふりをしてしまったら、より危険な状況を自分に招いてしまうということです。自分の喪失についていっさい人に語らない、語れないということも危ない状況といえます。

次にグリーフワークを行うときに注意するべきチェックポイントをのせましたので、確認しながら取り組んでください。

グリーフワークのチェックポイント

□グリーフを受け入れていますか？／感情のうねりに身をまかせ、感情を殺そうとがんばってはいけません。

□時間をしっかりとっていますか？／ゆったりとした時間をとって、泣くことも必要です。

□喪失について語っていますか？／家族や友人に話をし、自分だけでかかえこまないようにしましょう。

□自分に罪の意識をもっていませんか？／完璧な人などいません。もしまちがいをおかしたとしても、そのときは最善と思ってやったことです。どうしても罪の意識から逃れられなければ、専門家の助けをかりましょう。

□適度に忙しくしていますか？／目的のあることをしたり、思考力をつかうことに、適度に取り組んでください。

□しっかり食べていますか？／グリーフは精神力も体力も消耗するものです。体は栄養を必要としていますから、なるべく規則正しく食べましょう。ビタミンやミネラルの補給もしましょう。

□体を動かしていますか？／適度な運動は、体の調子を整え、心の負担を軽くし、睡眠をまねきます。毎日１時間ほど散歩をするのもよいでしょう。

□自分をいつくしんでいますか？／毎日、なにかしら自分にとっていいことを見つけて、やってみてください。

□古くからの友人とつきあっていますか？／気を許せる友人たちと、喪失の話題をさけずに自然に話してみましょう。

□大切な決定を延長していますか？／家を売ったり、職業をかえたりなどの、重大な決定をするのは少し待ちましょう。

□悲しみを抱えている人のグループに参加していますか？／同じ経験をした人たちと話をすると気持ちをわかりあえます。

□グリーフを表現していますか？／グリーフレターや、自分の思いを文や絵に書いてみましょう。

□必要に応じて専門家による援助を受けていますか？

グリーフレター（深い悲しみの手紙）

　グリーフワークのための具体的な手法はいくつかあり、その代表的なものの一つがグリーフレターです。深い悲しみの手紙とも言います。一般的には、大切な人を亡くすという大きな喪失をしたときに、よく使われます。たとえば亡くなったお母さんに書く場合で説明しますと、まず、お母さんに「ありがとう」と言いたいことを書きます。次に、「ごめんなさい」と言いたいことを書くのです。それから、「怒っていることや残念なこと」を書きます。お母さんに対して私はこんな怒りをもっていたんですとか、こんなに残念に思っていることもありますよ、とかです。

　だいたい四項目くらいに分けて書きますが、もっと多くてもかまいません。大事なのは、最後にもう一度キチンと「さようなら」と書くことです。別れを告げるのです。これは一種の儀式のようですが、気持ちの整理がつきます。自分のなかにまだこんな気持ちがあったのか、と気づきます。誰かの死という喪失に、グリーフレターはよい手法だと思います。

　これをいつ書くかなのですが、一週間前に子どもを亡くしたお母さんがグリーフレターを書いても、あまり効果はないのです。一つの大きな喪失が癒されるのは、どんなに短くても半年や一年はかかりますから。遺稿集などは、一周忌とか、区切りをつけるときにつくります。グリーフレターも、半年たってからとか、少し時間が経過したときにとりくむとよいでしょう。この具体的な例については、第3章にくわしく載せましたのでご覧ください。

先日、自死遺族の会に呼ばれて、グリーフワークをしました。そのときに、「喪失から、最低でも半年から一年以上たった方だけにしてください」とお願いしました。なぜかと言えば、それまではただただ悲しくて、泣けて泣けてしょうがないという状態が続いていて、罪悪感にとどまっている人が多いからです。それでも、はじめてみたら、皆さん、もう泣きの涙で、罪悪感にとどまっている人が多かったです。家族が自殺したのは、自分がわるかったのだ、自分のせいだ、と思うのです。そうでないと生きていけないくらいつらいからです。ほんとうにせつないですね。

そのなかの一人が、「自分のせいだと思ってはいけないのですか?」と聞きました。私は答えました。「あなたが、そう思われるのだったら、それでいいんですよ。でも、こういうことを質問するのがいいのかどうかわかりませんけれども、ほんとうに、お子さんの死はあなたのせいなのでしょうか?」 その方は、ただただ泣かれていました。なかには、「自分はなにも楽しんではいけない」と言われる人もいました。「亡くなったお子さんは、お母さんが楽しむことを禁止していますか? お母さんが楽しんだらいやがりますか?」。その方は少しして言いました。「そんなことはありません」。

お子さんを亡くされるような、非常に深い喪失を味わった方々への接し方には、たいへん注意が必要です。やはりグリーフレターは効果があったようです。すべて癒されるわけではありませんが、感情を少し整理できます。またそのとっかかりになります。

グリーフレターとは違いますが、喪失という体験から癒しまでの間、自分がどんな気持ちを抱いているか、書きこむメモをつくってみました。よかったらコピーをしてお使いください。

メモ

メモ

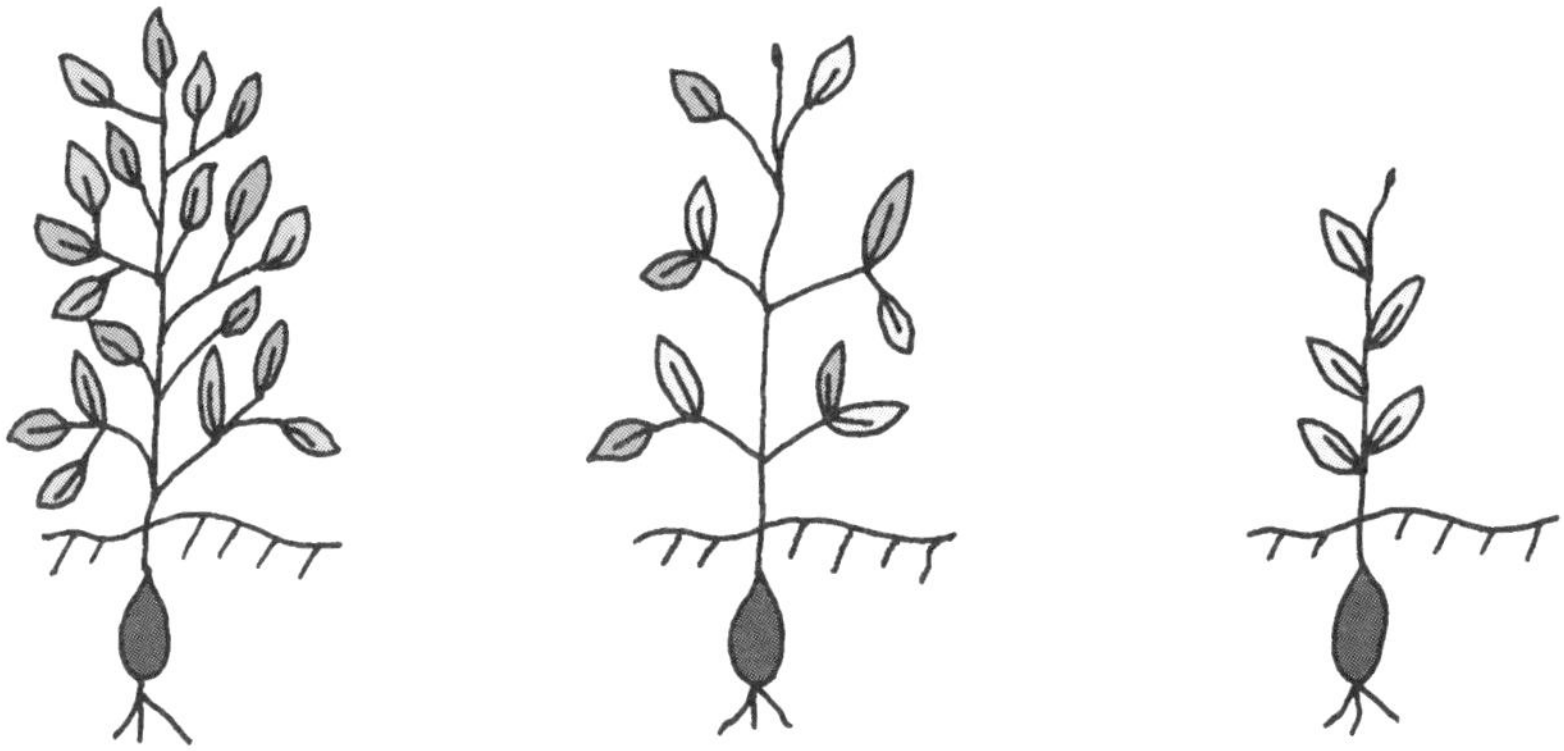

メモ

第2章

援助職として悲しみに対応する

誰も愛してくれないという
つらい思い
誰も自分に関心を寄せてくれないという
さびしさ
自分はいつも孤独だと感じてしまう
せつなさ
そうした、つらさ、さびしさ、せつなさ

本当によくわかります
痛いほど、伝わります

援助職としての基本的な対応

援助専門職の人たちは、援助の対象者に日々会うのが仕事であったり、または仕事の一部になっています。その援助対象者の多くが、いろいろな喪失体験をもっています。私はカウンセラーですから、相談に来る人たちは何かに困っていますし、あるいは何かで苦しんでいるわけです。医師や看護師さんのところへくる人たちは、病気を抱え、精神的な苦しみもあるでしょう。教師のところへくる生徒や保護者の方たちも、なんらかの相談、または問題を抱えて来られます。

援助専門職の仕事は、「感情労働」とも呼ばれます。仕事にはさまざまな種類と労働のパターンがあり、肉体労働、頭脳労働という言い方は昔から使われてきました。感情労働とは、悲しみや怒り、苦しみや不平不満という、サービス対象者の感情の矢面に立つ人の労働のことです。感情労働に携わる人には、高度な感情のコントロールが必要とされます。

援助職の仕事は、まさにこの感情労働にあたる部分が大きいと言えます。感情労働は、自分の精神をものすごく消耗するので、よほどセルフケアをしていないと、自分のほうが不健康になってしまいます。気持ちの安定感を喪失したり、焦燥感を抱いてもえつきになってしまうことは、援助職にはめずらしくはないのです。

悲しみを抱えた人に会えば、「何かしてあげなければ気の毒だ」と、援助職についていなくても思うでしょう。また、相談に来るほうは、何とか苦しみや悲しみから逃れたいと思っています。ですから、何もしないわけにはいきません。しかし、第1章でお話ししましたように、グリーフワーク（悲しみを癒す作業）には時間がかかります。たとえば三日前に起きたことについて、四日後に相談にこられても、すぐに楽にするのはむずかしいことです。情緒の痛みを緩和させるのは、非常に忍耐が要求される仕事です。

「共感（compassion）」という言葉の意味を考えると、「com」は、「with（いっしょに）」という意味で、「passion」は苦しみ、苦悩ということです。要するに、「苦しみと共にいる」。言いかえれば、「苦しんでいる方と共にいてさしあげる」ということなのです。

何とかしてあげたいと思うことは大切ですけれども、あまり何とかしなければいけないと思って意気ごんでしまうと、誤った援助をする場合もあるのです。たとえば、説得して考えを変えようとしたり、「もっと苦しい人やたいへんな人だっているんですよ」なんて言ってしまったり、まるで、苦しみや悲しみを抱えていることが誤りであるかのような応対をしてしまうこともあります。

基本は「共感」です。喪失があって悲しんでいる人といっしょにいる、という姿勢でかかわるということです。理詰めで納得させようというのは、無理な話なのです。理解をしていないから悲しくて苦しいのではなくて、理解をしていても苦しくて悲しいのです。たとえば、お子さんを亡くした親御さんは、泣いていてもお子さんが戻ってくるとはけっして思っていませんが、でも、泣けて泣けて、どうしようもないわけです。その苦しみと共にいっしょにいるということが、まさに共感なのです。こういう姿勢が大事です。

第1章で述べたように、喪失による悲しみが癒されていくにはプロセスがありますので、そのプロセスに添って、共にいるということ。また、そのプロセスは一直線にいかない場合もあり、行ったり来たり、ときには螺旋《らせん》状になったりもします。よくなったなぁ……と思うと、また元に戻ったりすることもあります。でも、その場合も相手を責めたり、がっかりしたりしないで、共にいる。見守る姿勢が大切です。プロセスを共に歩くというのはたいへんな作業です。

けれど、悲しみが長期にわたった場合、日常生活に大きな影響がでるので、二、三年、あるいは四年たっても悲しみが癒えずに日常生活に影響がでていたとしたら、グリーフワークの速度を少しはやめていくという取り組みをします。その取り組みについては、あとでくわしく述べます。

ここで、さきほど学んだグリーフプロセスの段階に応じての、予想できる対応をまとめておきます。

段階に応じての対応

◆ステージ1，2／ショック、否認、パニック、怒りを感じているとき

＊その人との関係性を今まで通りに保つ。そばにいる時間をつくる。または家族や知人にそばにいるように助言する。
＊サポートする、と伝える。
＊日常生活で困っていることを助ける。または援助をたのむ。
＊身体的な症状がひどかったら（不眠・動悸・胃痛など）、医者にかかることをすすめる。
＊できるだけ話に耳を傾ける。理屈をおしつけない。
＊今の状態を肯定してあげる。否認をしているならそれを受けとめる。

◆ステージ3，4／やりとり、かけひき、孤立感、抑うつ感

＊さまざまな変化が現れていることを自覚できるように、現状確認をする。
＊孤立してしまう場合は、たずねていったり、１日に一度は声をかける。誰かがそばにいるように周囲に呼びかける。
＊嘆き悲しむとともに、休息もとるようにすすめる。
＊身体的な問題が大きければ、医者へいくことをすすめる。
＊話に耳を傾ける。相手の感情の激しさにあわてないで、よく聞く。
＊グリーフの情報をつたえる。

段階に応じての対応 （―続き）

＊グリーフは一人ひとりちがうタイムテーブルがあることを認め、受けいれ、プロセスを強要しない。その人のようすをよく見る。

＊グリーフプロセスに見通しがもてるようにする。

＊この時期には、意味や目的を探すのは困難なことを認める。

＊特定の心配事や、抑うつ感が続くなら、専門のカウンセラーへつなぐ。

＊日記やメモを書くことをすすめてもよい。

◆ステージ5，6／受容、再創造

＊必要に応じて、社会へつながる道にやさしく押しだす。

＊新しい関係に踏みだすようにすすめる。

＊地域での活動をすすめたり、地域での援助をうけられるようにする。

＊体に疲れや異常がのこっていたら、休息や受診をすすめる。

＊グリーフプロセスをいっしょに見直してみる。

＊今までの道筋をふりかえり、明日へとつなぐ。

＊責任のある仕事、選択をする、スキルを磨くことなどをすすめてみる。

＊大きな変化があると、また後戻りすることもあると伝える。

＊今までの体験をわかちあい、新しい道への一歩をともに喜ぶ。

誤った対応とは？

不適切な対応の具体例をあげてみましょう。

◆Bさん夫妻の場合

Bさん夫妻には、お子さんが三人いました。

ある時、そのうちの一人を交通事故で突然亡くしてしまいました。お母さんは、半年たっても、亡くした子どもの写真を見るたびに泣けて泣けてしょうがありません。何もする気が起きずに、抑うつ状態になり、仕事も辞めてしまいました。

家事も精一杯やってはいるのですが、かつてのようにはやる気が起きないのです。友人に会う意欲もなくなり、好きだった合唱クラブも参加しなくなってしまいました。妻のそんな様子に、最初に音を上げたのは夫です。夫のほうは、会社の仕事も忙しく、毎日ばたばたと過ごしていました。

ある日、とうとう「お前、そうやって毎日泣いていたって、あの子が帰るわけではないじゃないか！」とどなりました。妻はそのことで、ますます傷つきました。妻だって、泣いていれば子どもが帰ってくると思っているわけではないのです。

また、長い間苦しんでいるお母さんを見かねて、友人が言いました。「あなた、お子さんがあと二人もいらっしゃるのよ。その子たちを大切に生きていかないとね」


さて、いかがですか？

まずは夫の対応です。これは誤った対応です。「つらいね……」と妻に共感してあげればよかったのです。夫も妻にいちばん近い気持ちを抱いているのですから。ところが、夫は仕事が忙しい。この人自身が、自分の喪失をいやしていないのですね。だから、やさしい言い方ができなかったのです。

次に、妻の友人。慰めるつもりで言ったのですがどうでしょう。

妻は、とても傷ついてしまいました。どうしてでしょう？　三人いて一人亡くして、二人残っているというのは算数の話です。一人いなくなっても二人いるのよ、まだ子どもがいてよかったわね、と聞こえてしまうのです。

この例に援助職は関わってはいませんが、同じような例はいくらでもあります。

また、次の例で「励ます」ということもちょっと注意して考えてほしいです。

◆S先生の場合

S先生のクラスには、近頃、親が離婚したF子さんがいます。精神が不安定になっているところに、友だち関係でつまずいて、不登校になってしまいました。F子さんは、やっと保健室に来られるようになって、一学期はずっと保健室登校をしていました。S先生もしばらくはしかたないと思って、養護の先生にお願いしていました。

ところが、夏過ぎからは授業の速度も速まるので、そろそろクラスにもどってほしいと、S先生は思ったのです。それに、いつまで保健室にいるのだろう、どうして自分のクラスには来られないのだろう、と少々いらいらしていました。周囲からも、「そろそろもどしたらどうですか？」とか、「いつまでも保健室にいると勉強がこまりますね」と言われていました。

そこでF子さんを呼んで、「一学期はずっと保健室にいたのだから、もうクラスにもどりなさい」と、言いました。F子さんは、二学期から保健室にも来られなくなってしまいました。

第1章でお話ししましたように、グリーフワークには時間がかかります。それと安全な場所が必要です。F子さんにとって、グリーフワークはまだ終わっていなかったのでしょうし、安全な場所は教室ではなく保健室だったのです。担任のS先生は、養護の先生と十分に相談をし、F子さんにも様子を聞いて、対応すればよかったと思います。S先生には「寄り添う」という基本姿勢が欠けていたのではないでしょうか。

人の死に近いところにいる人たち、看護師さんや介護士さんなどには、こんな例があります。

患者さんが亡くなったときに、「一生懸命看護をしましたけれども、力がおよばず回復させることができませんでした。ほんとうに残念です」と言われたら、遺族は「ありがとうございました」「お世話になりましたと感謝できると思うんです。でも、「ご高齢でしたので天寿をまっとうしましたね」と言われたらどうでしょう。

私の父も九五歳という高齢で亡くなりました。私は葬儀で、「父も九五歳でしたので、天寿をまっとうしたと思っています」と挨拶しました。その後、「そんなにご高齢だったのですか。そういうふうにおっしゃられるなら、天寿をまっとうしたということかもしれませんね」と言われるのはいいのです。けれど、こちらが悲しみのどん底にいるときに、「九五歳なら天寿をまっとうしたじゃないですか」と言われたらどうでしょう。家族にとってみたら、年はあまり関係ありません。一〇〇歳をこえてでも長生きしてほしいと思っているのです。私は思わず、「父には二〇〇歳までだって生きていてほしかったです」と答えました。

病人の場合も同じです。もう八〇歳まで生きてきたのだから十分、というようなニュアンスの言葉はいけません。それぞれの命の重さを、数字に置き換えるのは無神経なことです。

罪悪感にどう対処するか

援助をする人は罪悪感を抱えがちになります。

いろいろな罪悪感があるのですけれども、どのようなことかと申しますと、ひとつに自分には何もできない、という罪悪感です。自分は無力である、と。

こういう問題に自分はまったく援助ができない、と思いながらかかわっている援助者はけっこう多いのです。それはどうしてでしょうか。

喪失を体験した援助対象者に、援助職はなにができるのか。そこからもう一度、根本的に考えなおさなければなりません。また、なぜ罪悪感を抱いてしまう自分がいるのか、ということを知らないとなりません。ある人の悲しみを完璧になくしてしまうことが、たとえ援助専門職といえどできるのかどうか。なにもかもに完璧を求めようとする自分がいるのではないか、ということです。

前にもお話ししましたように、できることは、共感という姿勢で、悲しみのプロセスに寄り添うということです。いつもいっしょにいるのは無理ですから、グリーフワークのプロセスをおさえたうえで、ポイント、ポイントを伴走する、ということです。

実際には、非常に忍耐のいる仕事です。援助対象者の苦しみ・悲しみを理解し、共にそのプロセスを歩んであげたいと思う気持ちをもちつつ、時間をかけて寄り添います。

批判や抵抗、怒りに対応する

これは、援助対象者からの批判や抵抗、怒りにどう対応するかという問題です。

援助者という仕事をしていますと、かならず、援助のしかた、ありかたに対して怒りをぶつけられたり、抵抗されたり、批判されることがあります。これは普通によく起こることです。しかし、援助者側にとっては、仕事のやり方を批判されるのですから、下手をすると自信の喪失につながりかねません。どうすればよいか？　これは、援助する人と援助される側の関係をどうとらえているかということによります。

まず、こう問うてみてください。自分は、援助対象者に自分の言いなりになってほしいと期待していないか？　もちろん、自分のやり方が認められて、うまくいくにこしたことはありません。でも、いつも思う通りに相手に受け止めてほしいと思っていたら、そう思うこと自体が誤っているのです。そこが出発点です。

援助者は万能ではありません。けっしてミスをおかさない、なんてことはないのです。援助対象者が、援助者に怒りを向けたり批判をすることも、あるいは援助者の提案通りやりたくないこともままあることです。「こうなさるといいですよ」と言うと、「私はいやです」と言われる。たとえば「手術をなさると回復しますよ」と言っても、「手術はいやです」。あるいは「こういうところへいらっしゃるといいですよ」と言うと、「そこには行きたくありません」。

これを自分に向けられた抵抗だと考えてしまうと、相手に対して援助者が抵抗をもってしまいます。そういう関係性はよくないです。

基本的に、援助の対象者自身に、何をするのかを選択してもらうことです。援助者にできるのは、いくつかのアイデアの提案です。最終的にそれを決めるのは、援助の対象者なのだ、ということを忘れないでください。援助者は強制することはできないのです。

ですから、援助者が、「援助対象者の運命を自分が左右することはできない。あくまでできることは提案なんだ」ということを押さえておかないと、相手からの抵抗や怒り、批判などが受け止めきれなくなるのです。

逆にいうと、批判も抵抗もしないし、怒りもぶつけない人がいるとします。それは、とても援助がうまくいっているからでしょうか？　そうとはかぎりません。こわくて何も言えないのかもしれないのです。口をはさんではいけない、と思っているのかもしれません。

これもけっしていい関係とはいえません。世のなかには、「私の言うことをやらないのだったら、来なくていいですよ」と言う人がいるかもしれません。けれど、援助者はそれではいけません。医師と患者、教師と生徒、介護士と介護される人、どうしても、援助をする側が強い立場になりがちです。ここは、よっぽど気をつけていただかないと！

支配と被支配の関係は、援助とは言いません。援助関係は力関係ではないのです。言うならば、援助関係は役割の分担です。一つの問題に対して、援助を受ける側と援助者が、いっしょに取り組む。その問題をテーブルの上に置いて、いっしょにその問題に向きあい、話しあって方向性を決めていくのです。

そのとき、援助者は提案を示す。援助者は、「こうなさってはいかがですか？」、「こういう方法もありますよ」と、テーブルの上に置かれた問題に対して、アイデアを示していくわけです。援助を受ける側は、「それはいいですね」とやることもあれば、「それはやりたくありません」と言ってもいいのです。選択に関しては自由ですから、ある意味で対等な関係です。支配・被支配の関係ではありません。ここはとても重要だと思います。

たとえば医療の現場では、「これはこういう病気で、こういう治療法とこういう治療法がありますが、どうなさいますか?」と提案すると、「先生、手術をお願いします」という答えが返ってくることもあれば、「他の病院でセカンドオピニオンを受けて考えます」と言われるかもしれません。手術をすることになれば、その先は、対等な関係をベースにして、医療的な技術を駆使して患者さんの病気を治療するのが、専門職としての医師の仕事であるわけです。

境界線をひく

さて、援助者との関係性の問題では、もうひとつ押さえておかなければならない、大切なことがあります。

相手が抱えている悲しみの感情にふれれば、あなたは「ほんとうにたいへんだろうな」と感じるでしょう。私も、お子さんを亡くした親御さんが相談にこられれば、自分も親として、それは大変につらいことだろうな……と、苦しくなるほどわかります。もう見るからにつらそうですし、何とかしてあげたいなと思います。

ですが、その悲しみにまるごと呑みこまれてしまうと、相談の時間が終わっても、相手を帰すのが悪いような気がしてしまいます。「ここにずっといていいですよ」と言いたくなってしまう。あるいは、その日を共に行動してあげなければ危ないのではないか、と思ったりもします。もしそれを実行したら、援助者と援助を受ける人との関係を逸脱《いつだつ》してしまいます。

境界線を引くのはここなのです。境界線にはいろいろありますが（68頁参照）、この場合は感情の境界線です。

とくに喪失を対象とする援助の場合、境界線を引くことが大切になります。悲しみを理解することと、同じように自分が悲しくなってしまう、というのは別の話なのです。ここをわかっていないと大変です。ですから、援助者は、相手の悲しみをどうやって自分の悲しみにしないか……ということ。つまり境界線の引き方を、普段から意識的に身につけておいたほうがいいのです。

たとえば私の場合ですと、「たいへんだろうな、つらいだろうな」と思いはしても、非常に冷たい言い方になりますが、「でも、これは私の身に起きたことではないんだ」と、自分との切り離しを意識的にします。そうしないと仕事として、冷静にかかわれなくなるのです。

でも、そうはいっても、手を取りあって泣いたり、ハグしたりすることはあります。悲しみを受け止めてあげたい、と思うのは当然のことですから。ですが、相手が深呼吸をして泣き終わったならば、またもとの援助関係に戻って、冷静な関係を保っていくようにします。そのままいっしょに毎日泣いていたら、援助はできません。

境界にはほかにも、責任の境界線、性的な境界線などもあります。

まず、「援助者と援助対象者には境界線が必要なのだ」という認識をもつのが最初のステップです。

つぎに、自分がどういう境界線が引きにくいかということを知っておくのがいいでしょう。たとえば、お金の境界線はわりに引きやすいです。お金を負担してあげたり、治療費を肩代わりしてあげたりするのはもちろんだめです。多くの援助者が引きにくいのは、感情の境界線です。これは先ほど述べたように、援助対象者の悲しみを自分のものとしてしまったりすることです。すると、いっしょに責任の境界線もこえることが多いのです。責任の境界線が侵されると、相手が負うべき責任まで援助者が負ってしまいます。気の毒だな……と思うまではいいのですが、「じゃあ私がやってあげましょう」となる。なにが問題か。つまり、相手が自分でできることまで、「あなた、つらそうなので、その書類は私が書いてあげましょう」とか、「私が出しておいてあげますよ」とか、「私が電話で聞いておいてあげますよ」と、やってしまうのです。

それが相手を癒すことであり、相手を慰めることであり、相手の力になることだと思いこんでしまうのです。ほんとうにそうでしょうか？　それは、かんちがいです。どんな状況に置かれても、その人が自分の力でできることはやってもらうべきなのです。やれることまでとりあげてしまったら、本人の力を奪っていくことになります。「おつらいでしょうけれども、時間をかけてでもいいですから、自分で書類を書いて提出してください」と言うべきです。また、「書きかたがわからなかったら、おっしゃってください。お教えします」と言うのはいいのです。

でも、「私が書いておいてあげますよ」、「帰り道にそこを通るから、私が出してあげます」というところまではやってはいけない。これが責任の境界線ですね。

たとえば、お母さまを早くに亡くされた人が相談にいらして、援助者も母親を早くに亡くしていたら、その痛みはよくわかります。だからといって、その感情でカウンセリングをしてはいけないのです。要するに、自分の私生活上でさまざまな問題や体験をしてきたことと、目の前にいる人の援助をするときの問題は、切り離しをしないといけません。

それは専門家としてはとても大切なことです。自分自身もいろいろな問題を抱えて大人になっているのですから、他人事（ひとごと）とは思えなくなってしまう。「じつは、私もあなたと同じ問題で苦しんでいるのです」となれば、お友だちになってしまいます。また、それがいい援助だと、援助職のほうがかんちがいしている場合もあります。でも、くり返し申しあげますが、そしてたいへん冷たいような言い方ですが、自分が同じような体験をもっていたとしても、それは「他人事」なのです。

境界線・チェック

＊感情の境界線

□相談相手の感情と自分の感情をいっしょにしていませんか？

□相談相手の感情にむりにあわせていませんか？

□自分の感情をいつわったり、かくしたりしていませんか？

□こう感じるべきだとか、こう感じてはいけないと、自分をせめていませんか？

□相談相手の感情を自分の思うように変えようとしていませんか？

＊責任の境界線

□相談相手の負うべき責任や仕事まで、引き受けていませんか？

□なにもかも自分がやらなければならないと思っていませんか？

□相談相手の失敗を自分のせいだと思っていませんか？

□相談相手のやることに口をだしすぎていませんか？

＊時間の境界線

□仕事の時間をこえて、相談相手との時間をつくっていませんか？

□自分の時間のほとんどを、相談相手のためにつかっていませんか？

□自分の時間のほとんどを、仕事につぎこんでいませんか？

＊お金の境界線

□相談相手に、お金を貸してほしいとたのまれていませんか？

□お金を貸すことで相手を助けようとは思っていなくても、実際に貸していませんか？

＊性的な境界線

□相談相手に特別な感情をもっていませんか？

□相談相手が異性か同性かで、あなたの態度がかわってはいませんか？

□相談相手と身体が接するくらいに近づいてはいませんか？

□相談相手を従属させようとしてはいませんか？

「いいえ」の場合はチェックをし、チェックのつかなかった項目が、とくにあなたが侵しやすい境界です。注意してください。

境界線の大切さ

もう少しくわしくお話ししましょう。

援助職の専門家は、自分自身にはどういう問題・課題があり、自分がどういう生育歴をもっているか、そして自分のどういう問題が未解決になっているのかということを、ちゃんと知っておくことが必要だということです。

具体的に申しますと、自分の問題にも取り組みつづけながら仕事をするということです。自分の問題を全部解決してからでなければ援助者になってはいけない、というわけではありません。そんなことになったら、たぶん世のなかに一人も援助者はいなくなるでしょう。問題はあっていいのですけれども、自分にはどういう問題・課題があって、そのために自分は今どんな取り組みをしている……ということをふまえて仕事をすればいいのです。

もし、それをしていないと何が起きてしまうか。まずは、援助対象者との境界線が保てなくなります。たとえば、自分自身が親から暴力を受けて育った人がいたとします。その問題が未解決のまま、あるいは向きあわないまま、援助者になって、家庭内暴力の加害者が目の前に来たとします。この場合は、どうしたら加害行為をやめられるかということが、カウンセリングのテーマになるわけです。しかし、自分が未解決のまま、あるいは問題に取り組んでいないと、まず目の前にいる人に対して、感情的な境界が引けません。自分の体験とあわせて、怒りや憎しみの感情をもってしまいます。ですから、その人の問題をテーブルの上に置いて、話しあって解決を探っていく、という作業ができなくなります。「私はあなたを援助したくないけれど」という気持ちでかかわらざるを得ない。この場合は、境界線が遠すぎます。ずーっと遠くに退いた位置で、なるべくかかわらないで援助をするという感じになります。それでは援助はうまくいかないです。

子ども時代に大きな喪失感があって、そこから回復していないまま援助者になる。こういう人は案外多いのです。そして、目の前にアダルトチャイルドとか、虐待のなかで育った人がやってくると、「なんてお気の毒……」。じつは私もそうなのです。他人事とは思えません」と乗りだして、境界線をこえてしまうのです。

壁のような境界をもちながら援助するのか、境界線がまったくなくて密着したままかかわっていくのか。どちらもよくない距離です。それを避けるのが、プロフェッショナル・ディタッチメントです。専門家として適切な距離をどう保つか、ということなのです（75頁参照）。

言い換えれば、壁のような境界線を引いて援助するのを避けるため、あるいは感情移入をしすぎないで援助するためには、専門家として自分の問題に取り組んで、自分自身の問題と援助対象者の問題を分離することが大事なのです。それができないと、たとえば相手に気に入られたいと思ってかかわったり、認められないことを認めてしまったり、仕事の限界をもうけなかったり、本人が自分でやることまでやってしまったり、あるいは自分の力で助けだそうとしたり、逆に相手が自分の言うとおりやってもらわなければ困る……と思ってしまったりするのです。

自分もグリーフワークにとりくむ

「未完の仕事」という言葉をよく使います。〈Unfinished Business〉とか〈Unfinished Job〉ということですね。未完のままになっているのか、完結していないのか。たとえば、自分がまだこの問題については癒されていないので、この人と今、かかわるべき時期ではないと思ったら、他の援助者にお願いすることも必要です。あまりにも生々しく、自分のなかにある問題が居座りつづけているということを知っていれば、この人に今、この段階でかかわるのが適切かどうかという判断ができます。

くり返し申し上げますが、自分の問題が未解決であってもいいのです。ただ、自分のなかにどういう問題があるかということを、自分で知っておくこと。もし、わからなければ、スーパーバイザーの助言が必要になります。でも、日本にはスーパービジョンという制度があまりないので、信頼できる先輩の援助者に相談をするとか、集団でスーパービジョンを受けるといいでしょう。あなたの問題を見抜ける人の元で、自分も援助を受けながら、援助の仕事をする。それがあなたの安全弁になります。

◆Hさんの場合

ある施設の話です。この施設には、入所したり、通ってくる利用者がいます。Hさんという介護士が、一人の利用者と気があい、とても仲のよい間柄になりました。二人は同性ですが、Hさんは勤務時間が終わっても、その利用者といっしょに行動をしたり、つきあうようになったのです。買い物に行ったり、食事に行ったり、映画をみたり、たがいの友人や知人をも共有してしまいました。

ところが、その利用者がある日、自殺をしてしまったのです。

「あんなに毎日いっしょに過ごしていたのに、気づけなかった。自殺を防げなかったし、何もしてあげられなかった」

Hさんは、すっかり落ちこんで、仕事ができる状態ではなくなってしまったのです。

このケースは、距離がなさすぎたのです。助けられなかったのは自分の責任ではないか。さらに発展して、その人を殺したのは自分ではないか……まで発展してしまったのです。

まずHさんの誤りは何かというと、利用者との関係が私的な関係にまで発展していたということです。たとえ、同性だとしても。もし、これが異性だったとしたら、おそらく男女の関係になってしまったでしょう。

これは、責任の境界線が引けなかったわけです。それと時間の境界線も引けていません。そして、ものを貸すとか借りるとか、あげるとかもらうとか、食事をしたときにおごるとかおごられるとか、お金の境界線もないのです。要するに、境界線のない関係になってしまったために、相手が亡くなってしまったときの落ちこみは、耐えられないほど大きくなりました。これでは援助者としての自分を守ることができません。

◆Uさんの場合

Uさんは学童保育の指導員です。

ある子どもさんのお母さんが、夜遅く、Uさんに相談にきました。夫がお金を借りて、借金を返せないとたいへんなことになるというのです。お金がなくては家に子どもを連れて帰れない、と泣くので、Uさんはお金を貸してあげました。

すると次の日、お母さんが顔を腫らしてやってきて、夫が暴力をふるうから家に帰れない、というのです。Uさんは、お母さんと子どもを自分の家に泊めてあげました。

Uさんは、自分の生活のペースが乱されて、どっと疲労感を感じるようになりました。

何日か後、お父さんがどなりこんできました。「だれだ、うちの子どもを連れていったのは。なんで家に帰さないんだ。警察に訴えるぞ！」

子どもたちはおびえ、ほかの指導員も困ったように顔を見あわせています。

学童指導員には、子どもの家庭のいろいろな事情がみえてきます。こまっている家庭の子どもたちをどうにかしてあげたいと思うと、夜までつきあったり、ご飯をつくってあげたり、なにかと世話を焼かずにはいられなくなってしまう。そういう気持ちになるのは、当然のことです。

でも、そういう場合も、できるだけ個人で対応しないで、学童保育の問題として話しあえる場にのせたり、同僚に相談をすることが大切です。結果的にどうするかが同じであっても、全体の問題として話しあって、そのなかで緊急の個別対応をするのと、最初から個人で対応するのとでは大きくちがいます。また、学童保育の中だけでどうにかしようとしないで、外部の相談機関を利用することも必要です。子どもへの暴力は虐待ですから、児童相談所へ通報できます。深刻な問題ほど一人で抱えこみがちになってしまいますが、ネットワークをさぐり、利用するのが有効です。

個別で対応していると、周囲に問題が見えづらいので、解決もしにくいのです。問題を自分だけでどうにかしようとしないで、外へつなげたり、援助をたのめる機関はないかと探るのも、援助職の仕事だと思います。現実は待ってくれないので、なかなかむずかしいところではありますが……。

ディタッチメント・チェック 〜援助職としての距離のとり方

□相手に気に入られたいと思いながら、かかわっていませんか？

□相手は、自分の期待に応えるように行動すべきだと思っていませんか？

□自分で解決することや、自分が回答をだすことに一生懸命になっていませんか？

□本人がすべきことまでひきうけてしまっていませんか？

□仕事のルールをやぶって、相手に接していませんか？

□相談相手との適切な距離をのりこえていませんか？

□自分の侵しやすい境界線を無視していませんか？

□自分の抱えている問題を見ないようにしていませんか？

□自分の抱えている問題への取り組みを後まわしにしていませんか？

□相手の感情に同調しすぎてしまう場合も、ほかの援助者に替わってもらうことを避けていませんか？

＊「いいえ」の場合はチェックをし、チェックのつかない項目については、援助の対象者と適切な距離を保つために注意してください。
セルフケアを日々することも大切です。（138 頁参照）

あなたにできること

◆Rさんの場合

Rさんという看護師さんがいました。

母親が、ある日、農薬を飲んで自殺してしまいました。Rさんの夫はアルコール依存症で、離婚しようかどうしようか、子ども三人を一人で育てられるだろうかと、Rさんはずっと悩んでいました。Rさんは自分のことに精一杯で、母親の気持ちを察してあげられなかったと、大きな罪悪感を抱えてしまいました。

Rさんに、どんな対応をすればいいでしょうか。

まずは、基本的に苦しみを受容することです。受け入れることはとても大事です。「あなたがそう感じるのは、あなたにとっては当然のことなのでしょうね」と、その人の苦しみを認めます。「そんな感情をもつ必要はないですよ」と言うのはよくないです。自殺をした人の遺族は、とてもつらく、罪悪感をもたせられます。こうしておけばこうはならなかったのではないか、自分の責任ではないか、という自責の念です。時間をかけていろいろな話をしていきます。たとえば、Rさんも、あと何十年後かにはお母さんと同じ世界にいらっしゃるでしょう。そのときに、「お母さんに何て言いますか？

喜びはあるけれども、苦しみも問題も悩みもない世界にお母さんはいます。お母さんはあなたにどういう人生を生きてほしいと望んでいるでしょうか？　あなたが苦しんだり、悩んだり、ああしておけばよかった…と頭をかかえて生きることを、お母さんは望んでいると思いますか？」と。

身近な人を亡くした方へどう接するか、基本的なことをまとめておきましょう。

＊避けない／声をかけたり、メールや手紙を出したり、電話で呼びかける。たとえことわられても、映画やショッピングに誘う。声をかけることが大切。
＊話を聞く／話をよく聞く。アドバイスは必要ない。ただ聞いているだけで助けになる。
＊手助けをする／買い物や子どもの世話、家の掃除などを手伝う。あなたが直接するのではなく、サポートシステムにつなぐことも必要。
＊同じ体験をした人たちのグループを紹介する／同じ体験をした人たちだからこそ、悲しみをやわらげることができる可能性がある。

あなたがすべてを助けることはできません。援助職は、その人が適切な援助を受けられるようにすることも仕事のうちなのです。２章の最後に、喪失の渦中にいる人たちが必要としている、具体的な援助をまとめました。あなたが援助するなかで、このうちの何を必要としているかがわかったら、その援助がどうすれば受けられるか、サポートシステムやネットワークにつなぐことをしてください。

必要と考えられる援助

喪失の渦中にいる人たちに必要な援助は共通のこともありますが、特に必要なこともあります。次にあげる援助のすべてが必要とされるわけではありません。しかし、必要と予想される援助を頭に入れておくと、対応もスムーズになるでしょう。参考にしてください。

（配偶者を失った若い女性・男性への援助）

＊育児の援助、家事への援助、仲間づきあい（話し相手）、自助グループへの参加、経済的な援助、孤立しないための援助、社会生活に参加する機会、就職への支援、子育て機関への橋わたし、つねにしっかりしていなければならないというプレッシャーからの解放

（配偶者を失った年配の女性・男性への援助）

＊日常生活の援助、家事全般の援助、社会活動への参加、仲間づきあい、異性との交遊、自助グループ、家へひきこもらないような援助、家への訪問、健康診断、サポートシステムへの橋わたし

（親を失った子ども・青年への援助）

＊定期的に接する人の確保、世話をしてくれる人がいるという確認、親の死は子どものせいではないという確認、悲しみの表現（泣いたり、叫んだり）をしてよいと伝える、罪悪感について話す、死について語りあう、恐れの感情と向きあう機会をもうける、安定した日常生活の場をつくる、以前からの友だちとのつながりがとぎれないようにする、ペットなどと離れないようにする、動物と接する機会をつくる、いっしょに絵や文を書く、いっしょに体を動かす

（子どもを失った親への援助）

＊今までと変わらないつきあいへの援助、自責の念について話しあう、兄弟への援助、家族への援助、日常生活への援助、自助グループへの橋わたし、孤立しないための援助、専門家へつなぐ

第3章

自分自身の悲しみの体験と向きあう

今、落ちこんだりふさいでいても
それは
次の春への準備期間
それが
どんなに長くても
いつか
あなたにはあなたの春がやってくる

自分の喪失に向きあう

3章はプロフェッショナル・ディタッチメントの一環でもあり、援助者自身が自分のグリーフに取り組むことについてお話しします。

まず、著者のひとりであるスコット・ジョンソンの話を聞いてください。

◆スコット・ジョンソンの場合

私の母親は、アルコール依存症であり、処方薬依存でもありました。暴力を振るうこともあったので、私の子ども時代は、弟と妹を母親の激怒と暴力からどう守るかで明け暮れていました。

ですから成長の過程で恐ろしいことがいくつも起きました。そのたびに、私は自分に言い聞かせたのです。「どうってことはないさ、なんとも思わないさ、何も困ったことなんてないさ」と。そうやって、自分の感情にふたをしたのです。それが当時の自分にできる唯一の方法だったからです。

私は自分の感情を隠して、母親に知られないようにしました。母親になぐられているときでさえ、泣きませんでした。自分の人生に関心をもたないようにしたのです。ですから、私は自分の人生の大部分を封じこめてしまったのです。このことが、後に重大な結果をもたらすことは、そのときにはまるでわかりませんでした。

大学に入り、ソーシャルワーカーとして、アディクション（依存症）カウンセラーになろうと決めました。このことは、極めて自然のことでした。なぜなら私は、すべての問題はアルコール依存症とともにやってくる、と理解していたからです。

三一歳で資格をとって大学を卒業しました。そして、薬物を乱用している青少年のための治療施設で働きはじめました。少しして、母親そっくりの女性と結婚し、女の子ができました。

その後、私はいくつもの重い病気にかかりました。感染症や胃の病気、そして慢性的な偏頭痛と糖尿病……。体はがたがたになり、かろうじて仕事ができるくらいの状態でした。私は、ついに医師のところへいきました。

幸運にもそのドクター自身が、私と同じようにＡＣＯＤ（Adult Child of Dysfunctional Family…機能不全家族で育ったアダルトチャイルド）であり、グリーフケアについての理解がありました。

「スコット、私は薬を処方できる。しかし、それではきみの問題は解決しない。きみが、子ども時代からずっと抱えてきたグリーフ（深い悲しみ）をケアする必要がある。そうしないと、きみは今の仕事をつづけられないよ」

私は、なにを言っているのだろうと思いました。

「スコット、きみは、人を助けるソーシャルワーカーだろう？　でも、きみには助けられない。なぜなら、人が他人と分かちあえるのは、自分がもっているものだけだから。きみが今もっているのは、否認と病だよ」

このような言われ方は、とてもいやでしたが、私は真剣に受け止めました。

「では、私はどうしたらいいのですか?」

「健康なグリーフを始めなさい」

私にとって、まるで死刑判決のように聞こえました。もし、自分の過去をふり返り、喪失を悲しんだら、ひどいうつ状態に陥ってしまうのではないかと思ったのです。私には、喪失を悲しむことが、自分にとって新しい人生への道のりになるとは、とうてい思えませんでした。

しかし私は、個人の療法を受け、同時に自助グループに通いはじめました。自分自身の健康なグリーフプロセスで、過去の問題が少しずつ見えてきました。「私には何の問題もない」という考え方をやめ、自分の喪失体験に真剣に取り組むようになったのです。

そして奇跡が起きたのです。「自分の身に起きたすべてのことが問題だったのだ」と信じられるようになり、グリーフワークのプロセスをすすんでいきました。私は心の底から子どものころの喪失体験を悲しみ、自分が人生で何を失ったのかを実感しました。そして、失ったものを取りもどす努力を一生懸命にしました。

援助職になろうとする人の多くは、私のように問題のある子ども時代を送っています。私のようなアダルトチャイルド（AC）は、自分に焦点を当てることができずに、周囲に合わせる生き方を身につけてしまうのです。ですから、援助職になると、ついつい仕事にのめりこんで、援助の対象者との境界線をこえたり、仕事にのめりこんで「もえつき」、うつになったり、ストレスから体をこわして、仕事も家庭生活もうまくいかなくなるのです。

ですから、十分に自分の問題にとりくみ、セルフケアをしていかなければならないのです。

まだ私は、すべてOKという状態ではありません。家庭でも職場でも、何かのきっかけで、不安にかられると、周りをコントロールしたくなります。自分の思い通りに動かしたくなるのです。そんなとき「あ、いけない」と、自分で気づいて軌道修正をしています。

今は、仕事が完璧にできなくても、人の役にたたなくても、評価されなくても、完全でなくても、私は私としてここにいる。恐れや不安や痛みを感じる瞬間はあるけれど、それも含めて私は人生を生きている、と感じられるようになりました。

ここにたどりつくまでたいへんな時間がかかりました。

アダルトチルドレンという問題

スコットの例はわかりやすかったと思います。

生い立ちの問題を抱えている人たち（アダルトチルドレン）には、他人からの賞賛と評価と感謝が必要なのです。そういう生き方を、子どものときに身につけてしまったのです。

援助職に就こうとする人たちには、アダルトチルドレンが多いというのもうなずけるでしょう。援助職の人たちに、「皆さん、人のために一生懸命つくすことと、自分のために一生懸命つくすこととどちらが気分がいいですか?」ときくと、ほぼ95%の人が、「だれかのためにつくすこと」と答えます。なぜ、そこまで人のためにつくしてしまうのか。それは、感謝と賞賛と評価を得たいからです。自己否定感があるので、他者からの評価が自分を支えているのです。自己肯定感のことを英語ではセルフエスティーム(Self Esteem)と言いますが、セルフエスティームが低い(自己否定感がある)と、Other Esteem(他者の肯定)を求めるのです。

本来は、人間というのは自分のために何かやってもらったり、自分のためになにかするというのは気分がいいはずなのです。ところが、自分のケアをしても誰も誉めてくれないし、誰も感謝をしないでしょう。だから、人のケアのほうがやりがいがあると思えてしまうのです。

アダルトチルドレンの人たちの特徴をまとめてみました。

・家庭や周囲に問題がある子ども時代を過ごした人は、大きな喪失感を抱えている場合が多い。
・子どものころの喪失が認識されていないことが多くある。
・未解決のグリーフを地雷として抱えている場合が多くある。
・一つ一つの地雷は、自らの否認によって覆われていることが多い。
・不健康なグリーフプロセスをライフスタイルとして受け入れている場合が多い。
・喪失と否認の蓄積で、自分の中に空洞を感じ、それを埋めようとして、仕事にのめりこむ場合が多い。

・仕事以外に、アルコールや薬物などでうめようとして依存症になることがある。
・人のために何かしても、自分のためにしようとはしない。自分に焦点があたっていない。

「Life is Goodbye, Life is Hello.」という言葉があります。「過去と別れて現在（今）を生きる」という意味ですね。あるいは、人生は出会いと喪失のくりかえし、という意味もあります。過去は変えられません。それに、明日以降は未来です。未来は自分の思うようにはなりません。

過去は変えられなくて、未来も思うようにならない。それではその間にあるのは？　現在です。現在は英語で「present」。キリスト教圏で「present」には、「神さまからの贈り物」という意味があります。プレゼント。今日だけが、自分の手のなかにあって思うようになる、というのが「present」の意味なのです。「今日を生きましょう」「今日一日」というのはそこからきているのです。

そういう考えかたで生きていくと、過去の事実は消せませんけれど、過去の出来事によって現在の自分がしばられない状態になることはできます。アダルトチルドレンの人たちは、喪失に向きあうことで、その状態を手にいれられるのです。

過去は変えられない。未来も思うようにならない。でも、私たちは今を生きています。今を大切に生きるために、自分の過去の喪失と向きあうこと。それはたいへんなことではあるけれども、やろうと思えばできることです。それが喪失からの回復につながります。

人にばかり目を向けていませんか？

□いつも一生懸命なにかにとりくんでいる。

□失敗をしたら人からきらわれないかと、とても心配だ。

□人前でリラックスすることがなかなかできない。

□自分がどう思っているのか、どう感じているのか、あまり興味がいかない。

□いざこざが起こるのはいやなので、なるべくまるく納めようとする。

□議論はにがてだ。

□相手がなにを考えているか、いつも気になる。

□自分についてあまり考えない。

□人の苦しみや悲しみを自分のもののように感じる。

□たくさんの人が自分の助けを必要としていると思う。

□自分はもっとがんばれると思う。

□自分にとっての楽しみのために時間を使おうとは思えない。

□自分の感じていることを素直に人に話せない。

□どうしたら人が幸せになれるかわかるけれど、自分がどうやったら幸せになれるかわからない。

＊いくつもチェックがついたら、あなたは自分よりも他人に目がむいていて、他人のために時間をついやしすぎているかもしれません。自分に目をむけ、自分の課題にとりくみましょう。

喪失のライフマップをつくってみる

いったい自分が何を喪失したのかよくわからないという方には、喪失のライフマップをつくることを提案します。自分が生きてきたなかで、どんな喪失があったかということを、年齢をさかのぼって書き入れていくのです。大きな喪失、小さな喪失と分けてもいいですし、大きな喪失のほうが記憶に残っているでしょうから、それを中心に書くのでもかまいません。

次に、それぞれの喪失体験が、そのときの自分にどういう影響を与えたかを書きます。そして、それぞれの喪失体験は癒されているかいないか、現在の自分にどういう影響として残っているのかを書きいれます。そうすると、未完の仕事（「Unfinished Business」、「Unfinished Job」）になっているものがわかります。この未完の喪失体験に一つひとつ向かいあう必要があるということです。

子どものときに虐待を受けたり、親がアルコール依存症であったりした場合、子ども時代の思い出はつらいものです。もし、ひとりで書いていてつらくなったら、専門家（カウンセラー）のもとでとりくむといいでしょう。思い出したりふり返ることによって、今よりもつらい感情が出てくることがあります。たとえば、父親が母親に暴力をふるっていた、母親に暴力をふるわれた、という体験に向きあうと、心の痛みを伴います。悲しみが出てくるだけではなくて、その人に対する怒りが出てきたりもします。そういう場合も、カウンセラーとともにとりくんだほうが安全です。

喪失のライフマップ

年齢	喪失の出来事	当時の影響	現在の影響
0 歳			

＊大きな喪失、小さな喪失と分けて書いてもよい。
＊それぞれの喪失体験がその当時、自分に与えた影響を書く。
＊それぞれの喪失体験が現在の自分に与えている影響を書く。

喪失体験が自分に与えた影響を知る

最終的には、第1章でお話ししましたように、喪失の意味をとらえ直すことがゴールです。言い換えると、「喪失による否定的なメッセージを健康なメッセージに書き換える」ということです。

子どものころ大きな喪失体験をすると、自己否定感を抱えることが多いのです。周囲にあわせて生きてきたので、自分に自信がありません。ですから、一生懸命人を援助することで感謝され、評価され、賞賛されることで、自己否定感を自己肯定感に変えようとします。けれど、働きすぎてもえつきたり、ちょっとした仕事のミスでものすごい喪失感を味わい、落ちこんでしまうのです。

この人たちに共通しているのは、心の中に否定的なメッセージをもっているということです。「私はダメだ」とか、「私には力がない」とか。

ほとんど無意識に自分が自分に向かって発しているメッセージを、まず書きだしてもらうことが必要です。

ただ、こういう人は、いつもは評価を気にしているので、否定ではないほうを表に出していますね。仕事で認められていなくても、私はこんなにいい仕事をして高い評価があるとか、あるいは、私はこんなに人に愛さている、必要とされている、とアピールすることもあります。心の中で押し殺しているメッセージは、「私は仕事ができない」、「私は人に愛されない」なんですが……。ですから、すごく自信があるように見えたりもしますが、本当は自信がないのです。だから、ちょっと何かあると調子が悪くなってしまいます。気分が落ちこんだり、うつっぽくなったりします。

そういう自分が無意識に抱いてしまっている否定的なメッセージを、どうやって肯定的なメッセージに変えていくのか。次に紹介するグリーフレターは、ひとつの有効な方法です。

子ども時代の喪失ならば、子ども時代の自分に手紙を書くというのもいいやり方です。

自分の名が○○なら、「○○ちゃんに」という手紙を、お姉さんからでもお兄さんという立場からでもいいから書きます。○○ちゃんは、こういう家に何番目として生まれてきて、ああだったわね、こうだったわね、つらいことがあったね。でもよくやってきたんじゃない、えらいね、というようにです。いろいろな喪失感を思い出しながら、○○ちゃんに言ってあげたいことを書くのです。けっして非難してはいけません。なぐさめたり、はげましたり、よい評価をしてあげるのです。

つぎに、今度は○○ちゃんから返信をもらうのです。その場合、右利きだったら左手で○○ちゃんになりきって書くのです。はげましてもらったり、評価してもらったら、うれしいですね。そういう気持を書いてみます。「ありがとう、いい手紙を書いてくれて」と。

そのやりとりをくり返していくことで、子ども時代の喪失が癒されていきます。

グリーフレター

グリーフレターについてはすでにお話ししましたように、未完の喪失を癒す手法のひとつです。たとえば、誰かを亡くした痛みがこころのなかに残っていたら、亡くなった方に対して手紙を書くわけです。離婚をしたり、けんか別れをしたり、失恋をした相手でも同じです。

まずは「ありがとう」と言いたいことを書く。ああしてくれてこうしてくれて、こういうことを教えてくれて、こういうチャンスを与えてくれて、いっしょに過ごしてくれた時間、あなたのやさしさに「ありがとう」と。ありがとうをたくさん書くのです。

それから「ごめんなさい」と言いたいことを書く。もし母親へだったら、「あまりいい子じゃなくてごめんね」とか、「お母さんの期待通りにならなくてごめんね」、「離婚をしてずいぶん心配をかけましたね」とかね。

それから三番目に書くのは、「怒っていること」です。今は済んだことでほとんど気にしていないけれども、こんな怒りがあったんですよ、と。たとえば、私が小学生の頃、「ただいま」と家に帰ったら、母親が背中を向けて座っていたことがあります。どきんとしました。いつもなら「おかえりなさい。お菓子があるから食べなさい」とか、「遊びに行くんだったらはやく帰ってきなさい」とか言うのに。これは何かあったのかなと思ったのですが、自分が何をしたのかいまだに思い出せません。

そーっとカバンを置いて、玄関で靴を履こうとしていると、「つかさ、ちょっとこっちへ来なさい！」。全身の血が引いたのをいまだに覚えています。だから、もし書くとしたら、「あのとき、何であんなに脅かしたの？　ちゃんとこっちを向いていてくれたらよかったのに……。すごくこわかったよ」って。

そして、「残念に思うこと」を四番目に書くといいです。母にはもうちょっと長生きしてほしかったです。七八歳でガンで亡くなったのですが、告知できませんでした。それを伝えなかったことはとても残念だし、申しわけないと思っています。できるだけのことはやったと思うのですけれども。

最後にはもう一度「さようなら」をキチッと書きます。

「ありがとう」、「ごめんなさい」、「怒り」、「残念に思うこと」、そして「さようなら」です。

グリーフレターを書いて、書いたものをどうするかというと、ほんとうは小さく切ってどこかに流したり、たき火で焼くのもいいのですが、今は環境がゆるしません。ですから、家の中で一番動かさないもの、たとえばタンスとか本棚の後ろにポトッと落としておくのです。今度、見るのは何年後かです。

さまざまな例から考える

これ以降は、どのように援助職の人たちがグリーフワークをしたかの事例を読んでいただこうと思います。そのことで、実際にどのようにワークが行われ、どのような取り組みがなされたか、どんなところが困難で、どんなゴールに行き着いたかが具体的にイメージできることと思います。

◆Kさんの場合……日記とグリーフレターを使って

Kさんは、保健所勤務の保健師で、援助の対象はほとんどが高齢者です。家庭訪問をすることが多く、一日の大半を高齢者の家庭で過ごしています。この業務について3年がたちました。

Kさんは、多くの高齢者を抱えているにもかかわらず、記録を正確にとっています。とても几帳面《きちょうめん》で、自分の苦労を惜しまずに仕事をしているのです。

ある高齢者の自宅を訪問した際、処方されている薬の量が多く、本人がどの薬を飲むのか迷っていたので、服薬管理は業務ではなかったのですが、見かねたKさんはその日だけ薬を飲ませました。しかし、職場に帰ってから、誤って過剰に薬を飲ませてしまったことに気づいたのです。

この高齢者を二年間援助し、尊敬をもって接してきたKさんは、急いで訪問し、容態に変化がないか確認しました。問題になるようなことは起こりませんでしたが、Kさんは自分の過ちを率直に説明し、お詫びしました。すると、その高齢者は、激しくKさんをののしり、「あなたは専門家としても、人間としても問題がある」と言ったのです。さらに、「不注意だし、配慮もないし、能力もない。この家には二度と来ないでくれ」と。その上、Kさんの上司に電話をして文句を言いました。

その結果、Kさんは、職場に始末書を提出し、薬物治療の研修に行かされることになりました。Kさんは、これまで七年間、一度もミスをしたことはなかったのです。

Kさんはすっかり落ちこんで、カウンセラーに相談にきました。仕事にいくのがとてもつらく、また恐ろしく、仕事への自信もなくなって、すべてが揺らいでしまった。心は傷ついて、恥辱感《ちじょくかん》もあり、仕事中に涙がでてきてしまい、しっかり仕事をしていた頃の記憶が消え去って、自分を信じられない。もし、私がもっと注意深くやっていたらミスは避けられたはずだ……。

カウンセラーは、Kさんに言いました。「あなたは、専門職として積み上げた実績を失った、グリーフのプロセスにいます。今、あなたが感じている否認や、こうすればよかったというやりとりやかけひきは、グリーフの自然のプロセスなのです」

そして、Kさんに日記を書くことを勧めました。そこに、自分の感情や思考、また、批判を受けた高齢者に対する感情や、上司のこと、職場での困難さ、私生活上の問題も書いてみるように言いました。

カウンセラーはKさんに「あなたにとって、痛みを伴う感情はとても重要で意味があるものなのです。傷ついた心や恥辱感を今すぐなくしたいと思うでしょうが、つらい感情をかかえた自分を、今はいたわってあげてほしいのです。なぜなら、あなたがそのつらい感情から解放される唯一の方法は、その感情の中を通り抜けるしかないのですから」と伝えました。

Kさんは泣きました。それでも、日記を書くことに同意しました。

一週間後、Kさんは日記をもってきました。いまだに、やりとり、かけひきの中に自分はいると話し、何度も「もしこのことが起きなかったら、私はきっとすばらしい職務記録を作ったにちがいない」と言い、「どうしてあの人は、私のことをわかってくれなかったのかしら。なぜ上司にまで電話をしたのかしら」とも言いました。

Kさんは、日記は少しは役に立っているかもしれないけれど、今も職場に行くのがきつく、研修はまったく好きにはなれないし、もう何も感じなくなってしまいたいと、言いました。それに、つらいのは、激しい怒りを感じることだといいます。怒りは、自分のすべての感情の中で最もはげしく強固なもので、それを抑えられないなら、ただ眠っていたいというのです。そうして、スナックをたくさん食べて、体重が増えてしまったそうです。怒りという感情が、Kさんにとってはとても困難であることに、カウンセラーは気づきました。

カウンセラーは、Kさんに尋ねました。「あなたが怒りを感じるとき、あなたは自分がいくつくらいだと感じますか？」。Kさんはしばらく考えて答えました。「とても若く感じます。七歳か八歳くらいのように」。カウンセラーは、その頃の生活について尋ねました。

Kさんは、その頃、おばあさんといっしょにすごす時間が多かったそうです。おばあさんのことは、とても好きだったけど、Kさんの成績や宿題のできについては満足してくれなかったそうです。いまだに、Kさんにはおばあさんが「いつもすてきでいなさい」という声が聞こえると言います。「いい子は怒ったりしないものよ、いつも機嫌がよくて控えめにしていなさいね」とも。

Kさんは、庭仕事を手伝ったり、いつもおばあさんを喜ばす努力をしていたのです。でも、どんなに努力しても、おばあさんは満足せず、もっと努力することを要求し、何事も完璧にこなせるようになるまで、Kさんを責めたり、罰したりしたそうです。

カウンセラーは、Kさんに、「おばあさんの記憶は、子ども時代に地雷となって残っているのです。なにか起きたときにその地雷をあなたは踏んでしまうのです」と言いました。

Kさんは驚きながらも、「たしかにそうかもしれない」と答えました。そして、「私はおばあさんにもっと愛してほしかったんです。そのためになんでも一生懸命やりましたし、努力しました。でも、一度も『愛している』とは言ってもらえませんでした。おばあさんは、何かを完全にやりとげるまで私を批判したり、しかったりしました。でも、私がきちんとやりとげたときには、喜んでいるのはわかりました。だからそのときだけは、自分は祖母の愛情を得るのにふさわしい人間だ、と感じることができたのです」と、泣きながら言いました。

涙が乾いたとき、カウンセラーは、祖母宛に手紙（グリーフレター）を書くことをすすめました。

一週間後、Kさんは祖母宛の手紙を持ってきました。カウンセラーは、部屋の角にいすを置いて、そのいすにおばあさんが座っているつもりで手紙を読んでください、と言いました。Kさんは読みはじめました。

「おばあちゃん、私はあなたを喜ばそうと、一生懸命がんばりました。あなたを愛していたし、尊敬もしていました。私がまだ若かった頃、私もあなたのようになりたいって、ずっと思っていたの。だって、おばあちゃんのすることはみんな、とってもすてきだったから。私はおばあちゃんがしたようには、何一つできたことがなかったわ。もし、私がおばあちゃんのようにできたら、きっとすてきな人になれるだろうって考えました。

でも、私が一番望んでいたことは、おばあちゃんがもっと愛してくれることでした。私は、おばあちゃんが『愛している』って言ってくれることを、どれほど望んでいたことでしょう。そのために、いつもがんばったのよ。

おばあちゃんは逝ってしまった。もう、あなたの口から『愛している』って言う言葉は聞くことができない。それなのに今も私は、何でも完璧にこなそうとしてがんばっているの。

そして私は失敗してしまった。仕事でミスを犯してしまったのです。お年寄りに薬を多く服用させてしまった。今、私は、自分が八歳の女の子のように感じています。

おばあちゃん、ここにきて。そして私に『仕事をしてもいいのよ』って言ってちょうだい。どうやったら完璧に生きられるかを教えて。私にはおばあちゃんが必要なの。どうか私を助けてちょうだい」

Kさんは、泣きつづけました。泣きやんだとき、カウンセラーは尋ねました。「おばあさんは、なんでも完璧にこなしていたのですか?」と。Kさんはしばらく考えて答えました。

「いいえ、おばあちゃんは、台所で時々料理の手を休め、また作り直すことがありました」

Kさんは、そんなことは考えたことはなかったけれど、たしかに、すべてが完璧ではなかったと思いあたりました。カウンセラーは「誰かすべてについて完璧な人を知っていますか？」と尋ねました。「いい仕事をしている人はたくさん知っていますが、すべてが完璧と言われると……」と、Kさんは首をかしげました。カウンセラーはまた尋ねました。「おばあさんを喜ばそうと一生懸命がんばっていた小さな女の子は、完璧だったのですか？」。Kさんは首をふりました。「でもその子は、一生懸命にやっていました」。カウンセラーは言いました。「一生懸命にやったことで十分なのではないでしょうか」

Kさんはかなり長い時間考えこんでいました。そこでカウンセラーは聞きました。「もし、今その小さな女の子がここにいたとしたら、その子になんて言ってあげますか？」

「その子をしっかりと抱きしめて、一生懸命やったのだからいいのよと、言いたいです」

「今ここでそのようにしてみてください」

Kさんはうなずいて、まるで小さな子を抱っこしているように自分を抱いて、泣きました。

「あなたが一生懸命やっているだけでうれしいの。それでいいのよ。人は誰も完璧になんてなれない。でもいつだってやってみること、挑戦してみることはできる。なんでも一生懸命がんばって、ベストを尽くす。たとえ失敗しても。そのミスは、あなたに完璧とは何か、どうしたら完璧に近づけるかを教えてくれるのよ。そう、あなたは十分努力した。でも、あなたが一生懸命がんばるのは、あなたの一部でしかないの。あなたはあなたのままでいいの。あなたのことを愛しているわ」

カウンセラーは、Kさんにその小さな女の子は幸せかどうかと尋ねました。「ええ、とても幸せそうです。私のことを抱きしめてくれています」。カウンセラーは言いました。「その小さな女の子は、今は専門職となったあなたの心の中にとけこんでいるんですよ」と。

Kさんは、また泣きました。カウンセラーは「今、あなたはなぜ涙を流しているのですか？」と聞きました。「子どものころの私が、『そのままの自分であってよい』と承認され、心の平和を感じているからです。それは今まで知らなかった感覚です」

カウンセラーは言いました。「あなたの言ったことは、とても賢い響きのある言葉ですね。あなたのおばあさんこそ、そうした言葉をもつべきでしたね」。Kさんは驚いたように言いました。「この言葉は、自分で考えたのではなく、むしろ祖母から学んだように思います」。

カウンセラーもそれに同意しました。カウンセラーは、「仕事のミスについて、どう感じていますか？」と尋ねました。Kさんは、「完璧になろうとするのではなく、つねに一生懸命やってみることが大切だと思っています」と答えました。

Kさんは、おばあさんは「人間は完璧になれないのだから、一生懸命努力することが大事なのだ」ということを自分に教えようとしたのだと理解しました。「私はミスを犯しました。でも、私自身の存在がだめなのではないと気づきました。私は保健師です。唯一のミスは、やってみること、がんばって挑戦することをやめてしまうことだと思います」とKさんは言いました。

カウンセラーは、あなたは有能で一生懸命仕事をする保健師です、あなたの職歴は意味のあるものであるのに、あなたはそう感じられなかったのです、と伝えました。Kさんは、カウンセラーに感謝しました。

カウンセラーは、祖母の写真を探し、その写真を見ながら、Kさんが祖母からもらったものを見つけてみたらどうでしょうと話しました。そうして、もう一通の手紙を書いてみてください、と。

一週間後、Kさんはもう一通の祖母宛の手紙を持ってきました。その手紙には、祖母に対してつねに一生懸命に何でもすることや、ベストを尽くすことを教えてくれたことに対する感謝が書かれていました。そして、祖母がKさんを愛している、と言ってくれなかったことを許し、祖母の両親は、祖母に対してとても厳しかったにちがいないと思いあたったといいます。言葉では言ってもらえなかったけれど、どうやっておいしい料理を作るのか、庭の手入れはどうしたらいいのかを教えてくれたのだから、きっと祖母は自分を愛していてくれたに違いない、と考えられるようになったというのです。

Kさんはカウンセラーに祖母の写真を見せました。カウンセラーは、そのときのKさんの美しい目の輝きに気がつきました。「あなたの目はおばあさんにそっくりですね」と言うと、Kさんは、「そう、私の中には、祖母の魂があるのです」と答えました。

「あなたの保健師としての能力はどこかに行ってしまったと、今も感じていますか？」

「いいえ、今回のことを経験に、私は以前よりもいい仕事ができる保健師になれるように思っています」と、Kさんは微笑みました。カウンセラーは「あなたが今回とりくんできた道筋を誇りに思ってください。おばあさんの魂は、あなたの中に受け継がれたのですね」と言いました。Kさんの仕事の記録は一度のミスで消え去ったわけではなく、ちゃんとKさんのなかに引き続いてあり、そして今また、新しい記録が始まったのです。

日記を書く作業は、援助技法としてとても有効です。いつ、何があったかだけでなく、その時どう感じたかをあわせて書くことが大切です。なぜそうした感情がわき出るのか、という中に回復のためのカギを見つけることができるからです。

◆Jさんの場合……コラージュと視覚化をつかって

Jさんは四二歳、福祉施設の管理者（福祉職）で、つい最近父親を亡くしたばかりです。父親はアルコール依存症で死因は肝硬変でした。子どものころから、父親がJさんに話しかけるのは酔っぱらったときだけで、「おまえはばかだ」とか「おまえはなにもできない」となじるのでした。

父親の死後、Jさんは、家族といっしょにいても孤独を感じ、抑うつ感があり、職場でも同じ状態が続きました。何とかやれているのは、感情がマヒしているときだけです。部下が、施設の利用者に関するトラブルの相談を持ってくると、ただわずらわしく、けんもほろろの態度で接し、出勤することさえつらくなりました。Jさんはとうとう休暇をとり、カウンセラーのもとへ来ました。

カウンセラーは、Jさんが感情をマヒさせることを身につけたのは、父親から距離を置いて、つらさを感じないようにするための手段だったのだと説明しました。Jさんは、自分はアルコール依存症ではないけれど、かつての父親のように、息子とうまく接することができずに、距離を置いてしまうと話しました。

カウンセラーは「アルコール依存症は病気であって、病気と病気にかかっている人間とは、イコールではないのです」と説明しました。話しているうちに、Jさんの叔父さんがガンで亡くなったこと、死の直前、顔つきも言葉も態度も、それまでとはまったく別人のように見えた経験があることがわかりました。Jさんの叔父さんは、ガンという病気に体力を消耗させられ、自分の甥にやさしく接する余裕を失ったのでしょう。しかし、それは叔父さんが問題なのではなく、病気のせいなのだとカウンセラーが言うと、Jさんは、「それはよくわかります。でも、父親に関しては、切り離して考えられないんです。父親そのものが問題にみえるんです」と言いました。

カウンセラーは、父親のコラージュを作ってみてはどうかと提案しました。コラージュとは、実際の父親の写真と、また雑誌でも何でも使ってみたいと思うものを選んで、それらを切って組み合わせて貼り、一枚の絵にするのです。

一週間後、Ｊさんはコラージュを持ってきました。とてもカラフルで、写真には、家族もいっしょに写っていて、真ん中に、すてきなスーツを着た父親が立っています。礼儀正しく、微笑んでいました。

「今まで、こんなやり方で父親をイメージするなんてやったことはなかったけど、父は一生懸命働いて、家族に対してできるだけのことはしていました。そして、父は自分がもう家族のために何もしてやれないと感じた晩年、とても悲しそうでした。父には、家族の役に立てないと感じたことが、とてもショックだったのでしょう」

カウンセラーは、父親の親戚や友人にあっていろいろ尋ね、もっと父親のことを知ったらどうか、と提案しました。

一週間して、Ｊさんは父親に関するさまざまな情報を持ってきました。母親や叔母、そして父親の勤務先にいた友人など、多くの人たちと話し、息子が、Ｊさんの父親、すなわちおじいちゃんにキャンプに連れていってもらった時の話なども聞いてきました。それらの話から、父親は、親切で、面倒見がよく、一生懸命働く人で、いつも人々を助けようとしていたということがわかりました。

「父親をまったく違った角度で知るようになりました」というＪさんに、カウンセラーは、「お父さんは、あなたを本当は愛していたんじゃないのですか？」と聞きました。

「きっとそうだったのですね。でも、父の飲酒問題が、それを表に出させなかったのでしょう」とＪさんは答えました。「それでも、私は今でも喪失感を抱えています。でも、それは孤立感ではなく、なんといいますか、父親が亡くなったことについての怒りですね。でも、そんなに大きなものではありません」

「それは、依存症に対する怒りであって、父親に対する怒りとは違うのではないですか？　そういうふうに理解することができますか？」

「はい。コラージュを作って以来、そう感ずることができるようになりました」

「それはいいことですね。ところで、抑うつ感は感じますか？」

「仕事を始めてから、抑うつ感はなくなりました。毎日、やることがたくさんありますから。それに、自分のグリーフワークにとりくんでいると、家族へのケアもしなければと思うようになりました」

「あなたは今、抑うつ感や孤立から解放されて、喪失を受け入れるステージに来ているようですね」

Ｊさんはうなずきました。「はい、私は健康なグリーフプロセスを歩んでいると思います」

カウンセラーは、依存症から切り離されたその人こそが、Ｊさんの父親の本当のスピリット（魂）をもった人なのですよ、と助言しました。

しばらくして、Ｊさんは、父親が一度も自分に対して愛情を示してくれなかったという事実があるために、今もって苦しみ、悲しんでいると言いました。

カウンセラーは、Ｊさんに父親宛の手紙を書くように勧めました。お父さんはもう亡くなっているのだから、アルコール依存症や、他の病気、問題から解放されている父親を思い浮かべて書いてみるようにと。Ｊさんは、同意しました。

さらに一週間後、父親宛の手紙をもってＪさんは来ました。カウンセラーはそれをじっくりと読んだ後に、手紙を「視覚化（Visualization）」する提案をし、Ｊさんは了解しました。

カウンセラーは、Ｊさんから一メートル離れたところに椅子を置きました。まず、Ｊさんに、数回ゆっくりと深呼吸をして、体中のすべての緊張を吐きだし、リラックスするようにいいました。そして、目を閉じ、想像力を最大限に使うように、と伝えました。

カウンセラーは話しかけました。「今、あなたのお父さんのスピリット（魂）が、外の道路を歩いています。お父さんは元気で、生き生きとしています。平和と喜びに満たされ、強さとエネルギーも一杯です。お父さんは、あなたが今ここにいることを知り、大切なことを伝えたくて、ドアのところへきました。私はドアを開けて、この部屋に入れてさしあげますね」

カウンセラーは、ドアを開け、そしてしめました。

「お父さんは、あなたのそばのいすに座りました。さて、私がお父さんとしてあなたに話しかけます。よろしいですか？」。Ｊさんはうなずきました。

「……息子よ、私はもうこの世から離れてしまった。私はいずれみんなが来る場所に来ている。私は、もとの世界にいた時にあった、すべての問題から自由になった。もう今は、何でも本当のことを話せる。そして、お前が、私がなにを考えていたかを聞く必要があることを知っているし、それを話したいと思っているんだ。

お前がまだ小さかった頃、私はお前に『愛しているよ』と言わなかった。お前に今、あやまらなくてはいけないと思っている。自分の気持ちを伝えなくてすまなかった。お前は私の大切な息子だ。お前のことをとても愛している……。

私は両親に、『男は強くなければだめだ、そして感情は心の内側にしまっておくものだ』と教えられた。だから、教えられたとおりにやってきた。でも今、両親は私といっしょにいて、『愛している』と言ってくれた。私は弱く、いつも酒を飲んで酔っていたけど、両親は、すべてを許してくれた。

今、私は、お前に許してほしいと思っている。お前が私から聞きたかった言葉を、私はかけてやらなかった。でも、お前が私を呼んでくれたら、いつでもお前のそばにいって、ささやきかけるよ。『お前はいい息子だ。そしてすばらしい男性だ。お前のことを誇りに思っているよ』と。私は、お前の心の中にいつもいるんだよ。私の血はお前の中に流れている。

息子よ、自分の人生を生きなさい。そしてなりたいと思っている人間になりなさい。お前にはそれができる。私はそれを信じているんだ。じゃあ、しばらくの間、さようなら」

カウンセラーは、「お父さんは、今いすから立ち上がって、この部屋を出て行きました」と言い、ドアを開けて、静かに閉めました。Jさんには、数回深呼吸をして、今心の中で感じている感情をそのまま認めるように言いました。Ｊさんは涙を浮かべました。「私は、父から言葉をかけてほしかった。私をもっとよく知ってほしかった」。

カウンセラーは、今Ｊさんが感じていることは、とても大切なことで、Ｊさんが望めば、いつでもお父さんの声が聞けるのだと言いました。そして毎日瞑想《めいそう》をして、その声に耳を傾けてみたらどうでしょう、と勧めました。また、お父さんは、今もＪさんにとても大切なことを教えたり、アドバイスをくれたりする存在なのだといいました。

「じつは、私は息子とほとんどいっしょにいないし、愛情も示してないのです。父親と同じです。今、やっとそんな自分を変えられると思います」

一週間後に、Ｊさんは再びカウンセラーを訪ねました。自信に満ちて、リラックスしているように見えました。Ｊさんは、まだグリーフのプロセスにいて、父親に対する思いは深いままだけれど、少しずつ問題は小さくなってきていると感じている、と言いました。

「今、お父さんの死を受け入れられますか？」とカウンセラーが尋ねると、Ｊさんは、しばらくの間、沈黙を守ってから、こう言いました。

「これはとても妙なのですが、父の死を受け入れることで、多くのものが得られました。父は逝ってしまいました。しかし、私は父の祝福と愛と賢さを手にしました。そして、そのことを私は息子や、家族やいろいろな人と分かちあうことができるようになりました」

Ｊさんとカウンセラーは、ここでカウンセリングを終了することに同意しました。

コラージュを作ることで、カウンセラーは、Jさんのなかでいっしょくたになっている、父親とその問題とを分けて考えられるようにしました。さらに、グリーフレターを書くことによって、Jさんは父親になにを望んでいたかがわかりました。それを視覚化するとは、グリーフレターの内容をカウンセラーがじっくり受け止めたうえで、当事者（父親）になって、Jさんに実際に話すという行為です。これができるのは、Jさんの問題に共感をもって伴走してきたカウンセラーだからです。安易にとりくめる方法ではありません。

◆Yさんの場合……ライフマップを使って

Yさんは三八歳の男性。大学の心理学部で専任講師をするかたわら、スクールカウンセラーをしています。学生生活を送るなかでの、学生のさまざまな問題の相談にのっているのです。

Yさんは、ある女子学生との関係で困っていました。その学生は、いつも問題を抱えていて、週に一、二度カウンセリングにやってきました。彼女は、進路や経済的な問題、成績の問題、家族に関する相談などについての助言を求め、問題の解決をYさんに依存していました。

あるとき、Yさんは、その学生に率直に言いました。あなたは、自分の人生の判断を人にゆだねているけれど、本来は自分で考え、責任を持って行動することが必要だと思う、と。だから、そういう気持ちになるまでは、カウンセリングにこなくていいと伝えました。学生は泣きだし、自分にはYさんしか信頼できる人間はいない、私を見捨てないでほしい、と懇願しました。

その夜、Yさんはよく眠れず、学生の言葉が頭から離れませんでした。数日後、再びその学生がきて、カウンセリングを続けてほしいと言うので、Yさんは、しぶしぶ引き受けたのです。

その学生の悩みは、親が望んでいるのとは違う進路を選びたいということで、Yさんは、そうすると親が学費を払っているのだから問題になるよ、と指摘したのです。学生は、親の望む方向に進むのでは自分は幸せにはなれない、何としても自分の望む方向に行きたい、と言いました。Yさんは、どうすべきかのアドバイスをあえてしませんでした。カウンセリングは、長い時間がかかりました。Yさんはとうとう、「自分に忠実に生きるなら、自分で決めたことの責任を自分で取らなければならないよ」と思いきって伝えました。

一週間後、その学生は目に涙を浮かべてYさんのところにやってきました。専攻を変えたら、両親は怒りくるい、「もう学費は払わない」と言ったそうです。学生は、「あなたの言うことなんか聞くべきではなかった。あなたは私の人生を大なしにした！」と叫び、「もう、あんたなんか信用しない。私の人生はめちゃめちゃになった！」と部屋から出ていったのです。

Yさんは、こうしたトラブルが起こる可能性があることはわかっていたので、上司に報告し、話し合いました。上司は、Yさんの言うことをよく理解し、そして彼の気持ちを分かちあってくれました。けれど、Yさんがこうしたトラブルにぶつかったのは、今回が初めてではないことを指摘し、彼とその学生とのやりとりを書面にして提出するように言いました。

しばらくして、Yさんは元気になったように見えました。しかし、じつはYさんは、その学生のことが頭から離れませんでした。学生との問題をつき離そうとすると、「人の相談にのるべき自分がどうしてそういう感情をもてるのか」と疑問になり、「自分は、本当はどうすべきなのかわかっていないのではないか。自分はいつか教授になりたいと考えているけれど、ほんとうは能力がまるでないのではないか」、「人に援助しようとして、結局状況を悪くしてしまっているだけじゃないのか」という考えにとりつかれて、眠れなくなりました。

そこでカウンセラーをたずねてきたというわけです。カウンセラーは、Yさんに「不健康なグリーフプロセス」の説明をしました（36頁参照）。

Yさんは、この不健康なプロセスを自分が歩んでいることは実感していると言いました。学生に対して怒りを感じ、抑うつ気分になり、冷淡な気持ちになり、ということをくり返しているのです。カウンセラーは、不健康なグリーフがまねく問題を示しました（35頁参照）。

Yさんは、このことを理解し、「なぜ自分は、こうしたひどい経過をたどらなければならないのでしょうか?」と聞きました。カウンセラーは、「これはひどい経験ではなく、いずれすばらしい経験になるはずですよ」と答えました。

カウンセラーは、不健康なグリーフプロセスは、埋もれた地雷のように人生のあらゆる部分に影響があることを説明し、Yさんは、学生とのやり取りで、過去の地雷を踏んだのだと伝えました。実際に起きたこと以上にYさんは反応してしまったのだと言うと、Yさんはうなずき、「妻はよく言うのです。私はなんに対してでも、いつもオーバーに反応するって。まるで蟻塚《ありづか》を棒で突っついているようなものだって」

カウンセラーは、記憶にあるかぎり過去にさかのぼって、自分の人生に大きな影響を与えた出来事を、喪失体験を含んで人生の地図（ライフマップ）として書くことを提案しました。時間を節約するため、いくつかの大きな出来事だけにしぼって書けばいいということも。これがYさんのライフマップです。

5歳	厳格な母
12歳	母親が何でも制限する
18歳	大学に
24歳	卒業
32歳	息子の誕生
38歳	学生との問題

カウンセラーはYさんにこの地図の説明をするように言いました。

「もっとも古い記憶は五歳です。母親はいつも『あれをしなければ、これをしなければ』と言っていました。私が少しでもいやな顔をすると、とても厳しい顔をしました。父親は町で働いていましたが、何日も家に帰らないことがありました。そのたびに母は、何か問題があったに違いないなどと、不安を私に訴えるのでした。母は私のことを『お家の小さなお父さん』と呼びました。この言い方は嫌いではありませんでした。なぜなら、自分のことを特別で、重要な人間だと感ずることができたからです。でも、時々それを重く感じました。外で友だちと野球をしたいと言ったとき、母親は、お前は、妹の面倒を見て、家の中の用事を片づけるのだからだめだ、と出してくれないのです。だから、父親が家に帰ってきて、僕を遊びに連れだしてくれないかなと思っていました。でも父親はほとんど仕事で家にはいなかったのです。

一二歳のとき、学校対抗の野球の試合に出たいと思いました。このときも母親は反対しました。友だちは、学校が終われば野球ができるのに、どうして僕にはそれができないのか。母親を助けるのはいい気分だったけど、腹がたちました。

一八歳のとき、家から離れて大学に入りました。一生懸命勉強して、友人もたくさんできました。心理学を学びました。そして今の妻と知り合い、最上学年で結婚しました。

二四歳のとき、大学を卒業し、大学で教えながら、修士を取りました。三二歳のとき、子どもが生まれました。多忙で、子どもと過ごす時間はほとんどありません。大学の仕事で、一日家をあけることが多いのですが、妻が、息子をしっかり育ててくれています。息子は六歳になり、そして今回のトラブルにあいました」

カウンセラーは、ライフマップ上のいくつかのポイントで、その時々の感情を書いてみてください、と言いました。Ｙさんは、自分の感情を認めるのがとてもむずかしいと言いました。例の学生との一件を考えると、抑うつ感や自己否定感が現れるので、感情をすべて閉ざしているのだというのです。カウンセラーは、時間をかけ、毎日数分でいいから、どのような感情がわき上がるか、自分で気づこうとしてほしい、と言いました。深呼吸をして、ライフマップを見て、どんな感情がわき、どんな不愉快な考えが浮かんだかを書きとめ、後で時間をかけてその感情の意味を探すのです。

一週間たって、Ｙさんが再びやってきました。彼は書いてきたものを見せ、書いている時に何かとても大切なことを発見したと言いました。Ｙさんは、「今起きていることと、かつて自分が体験したことの間には、何かつながりがあるような気がします」と言いました。彼が感じている怒りや、冷淡な感じは、自分が子どもだった時の感情とよく似ているというのです。もしかすると、自分の過去からもっと学べるし、気づくことがあるのではないか、と思ったということです。

「Ｙさん、よく気づきましたね。過去の喪失体験は、癒されるまでずっとその人の中にとどまって消え去らないのです。今回のことは、あなたが抱えている問題を癒すチャンスなのです。そして、あなたには、問題に打ち勝つ準備が整っているのだと思いますよ」

「同僚や妻、学生の感情を心配したり、引き受けたりすることに私は疲れています。自分がもっと安心していたいのです。どうしたらそれができるのでしょう？」

カウンセラーは、女子学生の件と、あなたの子ども時代の経験を比較して共通点を探しだしてみましょう、と提案しました。Yさんは、しばらく日記を読んで、言いました。

「子どもの私が、母親を助けることができた、と感じたときの感情と、若い学生を助けようとしていたときの感情は、とてもよく似ていますね。そして、外で遊ばせてもらえずに、母親に怒りを感じたのと同じように、学生に怒りを感じたのだ思います」

カウンセラーはうなずいて、続けるように言いました。

「子どものころ、自分が一生懸命にやれば母親が理解してくれて、外で遊ばせてくれると考えていました。今もなぜか、母親を喜ばせることが重要だという感覚が、私の中にあるのかもしれません。だから一生懸命やってしまうのでしょうか……」

カウンセラーは、Yさんの洞察《どうさつ》はとても意味のあることだと伝え、子どもの頃の体験と、その学生の問題を切り離せないことには、なにかつながりがあると思うかと問いました。

「きっと、私は、子ども時代に抱えたままの問題に取り組む必要があるのですね」

カウンセラーはうなずき、「他に過去からつながっている感情はありますか?」と尋ねました。

Yさんは、黙っていました。とても苦しんでいたのだと思います。心の準備ができるまで、カウンセラーは待ちました。そしてYさんが言いました。

「一生懸命母親を助ければ、いつか友人と外で遊ぶのを認めてくれるにちがいない、と思ってがんばりました。そして母親がやらせてくれなかったとき、とてもがっかりしました。私が何かをちゃんとしたときくらい、母親に変わってほしい、そして私を愛してほしい、と思いました。

私は、まだ母親に対して十分なことができていないのだ、と思いました。若かったとき、私は自分をとても弱い人間だと感じ、でも、いっさいそれを口にはしませんでした。私は強くなろうと、自分の得意なことを一生懸命に学び、感情は閉ざしてきました」

「想像してみてもいいですか?」

「どうぞ」

「あなたは、自分が愛されているという感覚を、母親の助けをすることで得ようとしたのですね」

「そうです」と、答えたYさんの顔は真っ赤でした。

このやり取りは、とても痛みを伴うものだとカウンセラーは感じました。カウンセラーはYさんに「大変でしたね」と言い、深呼吸をするようにすすめました。「あなたの感情がよくわかります。とくに傷ついたこと、そして自分が弱いと感じてしまったことも」

「わかりますか?」と、Yさんは驚いた顔をしました。

「とてもよくわかりますよ。あなたはいろいろな理由でお父さんを恋しく思っていたのではないですか? 男性は女性から男らしさを得るものではありません。Yさんは、お父さんを自分が男性になるために必要としていたのです。違いますか?」

Yさんはうなずきました。

「お父さんから、なにがほしかったのですか?」

「なにを求めていたのでしょうね? いっしょにいる時間かな。父親にいくつも聞いてみたいことがありました。母親に対して自分は何をすればいいのか。男性らしさとは何か。何の仕事をしているのか。問題をどうやって乗り切ればいいのか。などだったと思います」

そして、年をとるごとに息子としての自分の存在を認めてほしくなったと言いました。

この問題に関して、カウンセラーとYさんはいろいろ探りました。Yさんは実際、息子になにをしたらいいのか、わからないことがたくさんあるというのです。息子をみるたびに頭をかしげ、どうしたものかと思い、自分は普通の父親のようではないのではと心配しているのです。

Yさんの父親は今も健在だということで、電話をしてみることをすすめると、「とうていできない」と言いました。話しあったこともないし、今、子どものころの問題を持ちだすのはあまりにもわずらわしくてできないということです。

「私は、息子と私のために別のものがほしいのです。私と父の関係ではなく」

「それならばなおさら、やってみないといけませんね」

Yさんはしぶしぶ同意し、父親に電話をする決心をしました。もう何年も父親の家を訪ねていないというのです。カウンセラーは、父親となにを話したいのかをはっきりさせておくようにと言いました。

二週間して、Yさんはやってきました。父親といろいろなことが話せたと言い、とても幸せそうでした。

「二週間のうち、二度父親に会いました。一回目はコーヒーを飲みながら話しました。父親は、私と釣りに行きたい、と言いました。それはすごい！　と私は答えました。父親と釣りに行くことなんてなかったので。そして本当に楽しく過ごしました。私たちは話しました。大きな魚も釣りました。そして父は、私の子どもを釣りに連れていきたい、と言いました」

「お父さんは、あなたを認めてくれましたか？」

「ええ、父は私を愛してくれています。目を見ればわかるのです。なぜか私は、彼がどう感じているか、彼が私を見た時にわかったのです」

「お父さんは、いい人ですか？」

「尊敬できる人間です」

「あなたもいろいろな意味でお父さんのようですよ」

「私と父となにが似ていると思いますか？」

「あなたも、お父さんも勤勉な人です。思慮深くて、人生を楽しむことができる、強い人間です。また、お二人ともたくさんの要求を持つ女性を好む傾向がありますね」

Yさんは驚いた様子でした。父親がいろいろ要求する女性、すなわち母親と結婚したことと、自分もまた似た女性を選んで結婚したこととの共通性に初めて目がいったのです。

「そう、私たち親子は、とても似ているんです」

「あなたと息子さんとの関係も、変えるチャンスなのではないですか？」

「よくわかります。いろいろなことが一度に起きたように思います。一つのことからこんなにいろいろなことを見つけられるなんて、今まではありませんでした」

「よく眠れますか？　不安や心配は？」

「悲しくもないし、自分に力がない、とも感じません」

こうして、Yさんは不健康なグリーフのサイクルをたちました。一度自分の感情をきちんと扱いはじめると、不健康なグリーフサイクルをくり返すことはなくなるものなのです。

カウンセラーは、ライフマップをもっと幅広く広げ、作業をつづけていくように、そして将来のライフマップのイメージを作るように言いました。Yさんは「今、私は妻とも、息子とも、父とも母とも、関係の持ち方を変えられたように思えます」と言いました。


ライフマップを使うと、その人の喪失体験とそれに伴う癒されていない感情や、自分が身につけた生き方のパターンなどがわかります。未完の仕事（Unfinished Business,Unfinishied Job）に気づくための方法として、とても有効です。

◆Fさんの場合……プレイセラピーを使って

Fさんは、三六歳の女性で、十代の子どもが二人います。中学校で養護教諭をしていますが、保健師でもあり、看護師資格も持っています。夫はコンピュータ関連の企業に勤めていて、夜遅くまで帰宅しません。

Ｆさんがカウンセラーのところへきたときには、すでに出勤ができない状態になっていました。どうして学校へ行かれなくなったかと尋ねると、「問題をもった生徒がたくさんいるからです」と答えました。

三年前、その学校へ赴任したときから、Ｆさんは放課後も生徒と接し、一生懸命仕事をしてきました。ここ数カ月は、二人の生徒の相談にのっていましたが、二人とも、学校へこなくなりました。その後、別の二人にかかわりましたが、気性も激しく、たいへんな生徒でした。Ｆさんは、精一杯対応し、同時に他の多くの生徒たちの相談にものって、悪戦苦闘しました。そうしているうちに、自分の子どもたちも問題を起こすようになりました。Ｆさんは、次第によく眠れなくなり、仕事の成果も落ち、自己否定感をもつようになりました。

Ｆさんは、今まで以上にがんばって働くことで乗りきろうとしました。昼も夜も働き続けましたが、何も変わりませんでした。家庭でも学校でも、問題のある状況は継続していました。Ｆさんは、感情をマヒさせてすごし、「私が一生懸命働けば、すべてはうまくいくはずだ」と思いこんでいました。

まもなく、感情のマヒが広がって、生徒にも仕事にも注意を注げなくなってきました。家庭でもなにも感じられなくなり、子どもたちから「どうしたの、何かあったの？」と聞かれました。Ｆさんはさらに眠れなくなり、いつも疲れていると感じました。ベッドから起き上がって学校に行くのも苦痛になりました。そしてついに校長先生から「あなたは休む必要がある」と言われたのです。Ｆさんは非常にショックを受け、自分がすっかり押しつぶされてしまったように感じました。

「感情をマヒさせることは、あなたを助けることにはなりませんよ」とカウンセラーは言い、自分の感情に焦点を当てるように提案しました。また、恐れ以外に感じている感情について話してほしいと言いました。Ｆさんは、長い時間考え、そのほかにはないと答えました。

Ｆさんは、感情にふたをしているのです。カウンセラーは、健康なグリーフについて話し、それをすることがいかに重要かを説明しました。Ｆさんは、そんなふうに考えたことは一度もなかった、と言いました。カウンセラーが、自分の感情に気づくために何かしてみる気持ちがあるかと聞くと、Ｆさんは答えませんでした。自分の感情を感ずることを受け入れれば、癒しが始まるのだと伝えると、「わかりません、何かを感じようとするといつも、私は恐れてしまい、そして無感覚になるのです」と言いました。

「プレイセラピーをやってみてはどうでしょうか。きっとあなたの助けになりますよ」と提案すると、「私には不可能です」と最初は言っていましたが、長い間遊んでいなかったからやってみてもいいかな、と言いだしました。

カウンセラーは、おもちゃ屋さんに行って、いろいろな色の粘土を買ってきて、時間をかけて、何でもいいから自分が感じるものの形を作ってみるように言いました。しかし、「私が今感じるのは恐れで、後は無感覚です」と、Ｆさんは言い続けました。カウンセラーが、「それでいいですよ。無感覚と恐れを表すものを粘土で作ってみてください」と言うと、Fさんはうなずいて帰りました。

しばらくして、Fさんが再びやってきました。箱の中に三つの粘土細工を入れてきました。一つは大きく平らな灰色の円盤で、「これは無感覚です」と説明しました。次のものはピンク色をしたボールで、とげとげがついていました。「これは恐れです」。三つ目のものは、明るい赤でハンマーのような形をしていました。「これは怒りです」。

カウンセラーは、一つ一つをくわしく説明してみてください、と言いました。

「恐れはどこにでも突然現れるのです。それは睡眠と家庭と仕事に侵入してきます。でも、それは現実のことではないし、多くの恐れは実際には起きていないのです。そして、そのことを私は知っているのです。恐れは無感覚とつながっていて、恐れが強くなるときはいつでも無感覚が恐れをカバーし、すべてを死に至らしめるのです」

「死って、なんですか？　なにが死ぬのですか？」

「私の仕事への情熱、学生への関心、子どもへの愛情、自分の人生への愛、すべてです」

「自分が刑務所にいるように感ずるのですか？」

「その通りです、無感覚と恐れの刑務所の中にいるように感じるのです。私を殺そうとしています。私の大切なものすべてを奪おうとしています！」

「怒りもここからやってくるのですか？」

Fさんは、下を向いて、「そうです」と低い声で答えました。

「怒りを表現することは可能なのですか？」

「よい子は怒ったりしないものだ、と言われて育ちました」

「感情に良い悪いはないのですよ、ただ存在しているだけです。あなたの抱えている怒りには、何か理由があるはずですね。あなたが怒りについて語っても、誰にも話しませんし、けっして批判をしたりしないから話してみませんか？」

「怒りを表すことを許されたのは初めての経験です。そんなことを言ってくれた人は、今まで一人としていませんでした。ほんとうに、怒りを表しても問題ないのですね」

「もちろんです」

カウンセラーは、この赤いハンマーにからめて怒りを話してくださいと言い、Fさんは、粘土を手に持ちました。

「これは無感覚と恐れが私から取り去ったもの、すべてに対する怒りです」

「なにを取り去ったのですか？」

「仕事に対する愛情、学生に対する思いやり、子どもに対する気配り、友人、眠る力、自信などです」

「怒りに対して、あなたは何をするつもりですか？」

Fさんは、突然、灰色の円盤とピンクのボールをハンマーでなんども叩き、粉々にしてしまいました。そして叩くたびに、「やめて、やめて、やめて」というのでした。そして叩くのをやめました。手が震え、涙が浮かんでいました。そして涙を拭きながら、ほっとしたように言ったのです。

「なんだかいい気分。私はこうしたかったのね」

そして笑いました。カウンセラーもいっしょに笑いました。

「あなたは、あまりにも長い間それを抱えこんでいましたね」

Fさんは微笑み、うなずきました。

「なぜ涙を流したと思いますか？」

「無感覚と恐れが私の大切なものすべてを奪ったからです。私は失ったものがあって悲しいのです」

「怒りを適切に表現することは、人を否認から解放し、健康なグリーフへと向かわせるものなんですよ」

「そうですね。怒りの表現は、私をうつから救いそうです」

「喪失に気づき、感情を感じてくると回復しますよ。今、私はあなたとつながりを感じます。あなたが怒りを外に出したとき、とてもパワフルでした。あなたがしたことは、私にとってもうれしいことです。今、あなたは自分の悲しさを感じられるようになりましたね」

「はい。やっと悲しみを感じられるようになりました。そして私の中にはもっといろいろな感情があるように思えます」

カウンセラーはうなずき、喪失のリストを作って、その喪失に伴う感情を書き入れるように提案しました。その日記を書くことで、自分の感情をコントロールできるようになるだろうし、感情が圧倒することもなくなるだろう、と説明しました。Fさんは、ぜひそのエクササイズをしてみたい、と言いました。

その次にFさんに会うと、まるで違う人のように見えました。Fさんは、上司と話しあって学校に戻った、と報告しました。しかし、時間外の仕事はしていないそうです。

「あなたは、ずいぶん変わりましたね。なにが変わったのでしょうか？」

「無感覚と恐れは、私の生活のすべての面に悪影響を及ぼしていました。一つの問題が私のすべての面に影響していたのです。仕事で『もえつき』たのは、私が健康なバランスをなくしていたためです。そのことに気がついたので、私は自分が失った大切なもののために、時間を作るようにしました。好きな音楽を聴いたり、映画に行くようにしています。夫と二人で休暇をとって、子どもと楽しむ計画もたてています。よく眠れるようになりました。休息の時間も取っています。そしていま、失ったものは私の手に戻っています。私には、バランスをとることがとても重要です」

Fさんとカウンセラーは、さらにいくつかの点について話しました。Fさんは、今は自分の生活を見つめる時間を取り、自分の感情に触れることで、生活や自分のバランスを保つことができることを知りました。感情は、私たちが体験したことへの反応です。もし、私たちが自分が感じたことをちゃんと認めていくなら、自分の考えや意思もわかり、主軸は大幅にずれないのです。最後のカウンセリングで、Fさんは言いました。「私の感情と心の間には、橋がかかっているようです。この橋は、私に新しい強さを与えてくれます。そしてその強さを、私は毎日感じ、使うことができています」

長い間にわたって怒りを蓄積したままにしていると、人は抑うつ状態になることがあります。また、さまざまな否定的な感情（怒り、自己否定感、見捨てられ不安、悲しみ、空虚感、恐れなど）を感じまい、と平静を装って生きていても、そうした感情がなくなってしまうわけではありません。むしろ、弊害が大きくなってしまうのです。つらい感情の存在を感じ、認め、対処する方法としてプレイセラピーは、安全で有効な方法の一つです。

◆Dさんの場合……信念体系を見直す

Dさんは、三七歳。地域作業所の施設長になって三年目で、作業所には、統合失調症やアルコール依存症の人たちが通所していました。

スタッフの一人は「うつ」で、この数年間治療を受けながら仕事をしていました。仕事の仕方にむらがあったので、Dさんは彼を呼んで話をしました。すると、以後、そのスタッフは頻繁に

Dさんのところへ来て、仕事上の問題に関して、助言と具体的な助けを求めるようになりました。Dさんは一生懸命助言やサポートをしましたが、そのスタッフの仕事はあまりうまくいきませんでした。

ある日、Dさんは、びっくりする知らせを受けました。そのスタッフが、自殺をしたのです。

Dさんは、深い悲しみを抱えてカウンセラーをたずねました。仕事は何とかやっていたのですが、心の中では事実を否認し、わき上がる怒りを抑えつけているのです。Dさんは、グリーフプロセスの「やりとり、かけひき」の段階にとどまっていました。悲しみを感じてはいたのですが、後悔と自責の念で苦しんでいるのです。

カウンセラーは、「後悔」と「自責の念」の意味について話し合うことにしました。Dさんに、「日記にこの二つの感情の意味することを書きとめて下さい」と言い、その作業を「信念のたなおろし」と呼ぶことにしました。

一週間後、「信念のたなおろし」を持って、Dさんはやってきました。

「後悔」

・私は彼をもっと助けたかった。自分が彼のためにしたことは十分ではなかった。私は部下の自殺を止められなかった。私はいい上司ではない。

・他の部下は、私が彼の面倒をちゃんと見なかったと言っているにちがいない。私は、仕事の成果しか見ていなかったかもしれない。私はいい管理者ではない。

・私は部下の家族に、彼が深刻な問題をもっているという電話をしなかった。もし電話をしていたら、自殺を防げたかもしれない。私のやり方はまちがっていた。私はだめな人間だと思う。

「自責の念」

・部下は週末に救いを求めた。しかし、私は週末は家族と過ごすので都合が悪いといった。一方で、私は部下と話し合う時間をもちたいとは思っていた。もし、そうしていたら、彼を助けられたかもしれない。

・私の部下は亡くなった。自分はそれを食い止められなかった。他の部下は私をもう信頼していないだろう。もう仕事をやる自信がない。

カウンセラーは、次のようなことを書いてDさんに見せました。

・私は、自分が良い管理者でないと信じている。
・私は、自分の家族とスタッフの両方を同時に面倒見ることはできないと信じている。
・私は、だめな人間だと信じている。
・私は、部下の信頼を失ったと信じている。

そして、カウンセラーが「こうした信念は、正しいですか？」と尋ねると、Dさんは、カウンセラーがまとめたリストをしばらくじっと見ていました。そして、「いいえ、これは必ずしも正しくはありません。でも、私の感情はとても強力です。私は、混乱しています」と答えました。

カウンセラーは、「そうです。この信念は正しくありませんね。あなたの部下は問題を抱え、こころの病で苦しんでいました。それはあなたの責任ではありません。そして、病を治すことはあなたの仕事ではありません」と言い、Dさんにこの信念体系一つ一つに対して、新しい信念を書くように言いました。

次のセッションで、Dさんは、新しい信念体系を書いた紙を持ってやってきました。

- 私は、大きな喪失体験を持つ管理者です。私は部下の一人を失いました。
- 私は、家族と部下の相談にのったり、面倒をみています。
- 私は、すべてにおいてだめな人間ではありません。部下の死は、私にとって仕事上の大きな問題です。でも私は、きっとこの問題に対応できるはずです。
- スタッフは私を信頼しています。困難な状況がおきると、私に相談にきたり、私に助けを求めます。

「このリストは、あなたの真実だと思います」と、カウンセラーは言いました。Dさんもうなずきました。

「では、あなたの後悔と自責の念は、何に関してだったと思いますか？」

「私は、部下が自殺をしたという事実を受け入れられなかったのです。恐ろしいほど消耗しました。私にできることは、なにもできませんでした。それが悲しかったのです。私にできることは、私自身の悪い部分を信じ、自分を痛めつけることでした。でも今は、自分を痛めつけることは無益なことだと知りました。私は、人の死という厳《おごそ》かな事実を受け入れようと思っています。他の部下は、私を必要としてくれています。今回のことはとても残念なことですが、私にどうにかできることではありませんでした。だから私は、自分を批判し続けなくてもよかったのです。私の責任は、自分自身、そして仕事に関することで部下とかかわること、そして家族に対してあるのです」

「今のあなたの考えは正しいのですよ」と、カウンセラーはDさんに言いました。

人は誰でも何らかの信念体系をもっています。子どものころに植えつけられたものは強力です。また、その人の人生経験の中で自分で作りあげたものもあります。社会の価値観や文化の影響もあるでしょう。しかし、それらは必ずしも正しいとはかぎりません。この事例のように信念体系の点検（たなおろし）をしてみるのはとても大切なことです。

◆Mさんの場合……インナーチャイルド・ワークを使って

Mさんは二七歳の男性です。大学で社会福祉を専攻して、卒業と同時に精神科クリニックに勤務して五年になります。仕事熱心で、患者やその家族の評判も上司の評価もよく、同僚や新しく入った職員からの信頼を集めています。

半年くらい前から、Mさんの態度が変化しました。なんとなくいらいらして、怒りっぽくなり、ささいなことに腹をたてるようになりました。周囲は、家庭的な問題でも抱えているのだろうかと心配をしていましたが、なかなか声をかけにくく、そのまま数カ月間がすぎていきました。

Mさんの怒りっぽい態度や、権威的にものを言う態度に、次第に患者や家族からも苦情が出るようになりました。とうとう上司が、「最近どうかしたのか?」と聞いてみると、「別にどうということはありません。みんながいい加減に仕事をしているようで腹がたっています」という答えが返ってきました。たしかに、Mさんは、休暇を取ることもなく、朝も早く出勤し、休みの日にもボランティア活動に熱心で、子どもたちのレクレーションの引率をしたり、地域活動をしていました。「疲れているようだから、少し休暇を取ったらどうかな?」と言うと、「新人が状況も考えずに休みをとるので、私はそんなことはできません」と怒って言いました。

何を言っても聞き入れそうもないので、しばらく様子を見ていましたが、Mさんの状況は改善するどころか、悪化する一方です。同僚とあからさまに対立し、攻撃的な口をきいたり、批判的なことを言ったりします。また、会議のある日や、担当しているグループミーティングがある日にも突然休むようになりました。

再び上司が声をかけると、不眠が続き、怒りがひどく、妻と別居することになったと言いました。朝も起きられないと、初めてつらそうな気持ちを打ち明けたのです。上司は、カウンセリングを受けることを勧めました。


Mさんがカウンセラーのもとにやってきたのは、それから二週間後です。カウンセラーは、彼がもえつき（バーンアウト）であることがわかりました。それを伝えると、Mさんは、知識としてバーンアウトを理解しているけれど、まさか自分がそうだとは信じられない、と言いました。

「自分は何もまちがったことはしてこなかったし、誰よりも患者や家族、クリニック、同僚のことを考えてやってきた」と悔しそうに告白しました。

「そうですね、確かにあなたは一生懸命がんばってやってきました。あなたにしかできないがんばりでしたね」と彼の努力を認めると、安心して、ため息をつきました。

「そうですか、私は別にまちがってはいなかったんですね」

「何もまちがってはいませんよ、あなたは一生懸命仕事をして、患者や家族、そして同僚や新人や研修に来た人たちの面倒を見てきた。休日にも子どもたちにかかわり、地域活動にも熱心でしたね。他のスタッフには到底及ばないほどのエネルギーでがんばり続けてきたのですから。そのこと自体が誤りだったなんて、私はけっして思いませんよ」

「では、なぜ私はこうして今、ここにいなければならないのでしょうか？」

「ただ一つだけあなたがしていなかったことがあるとしたら、それはなんだと思いますか？」

「わかりません……」

「あなたが子どもだったころ、あなたを一番大切に扱い、かわいがってくれた人はどなたですか？」

Mさんは、それは祖母だったと答え、祖母の話をしてほしいとたのむと、乗りだすようにして話しはじめました。

Mさんの両親は東北のある県で農業を営んでおり、とても忙しかったといいます。働き手は両親だけで、冬の一時期をのぞいて、いつも田畑に出ており、学校から帰ると両親が家にいたことはなかったそうです。世話を主にしてくれたのは祖母で、おやつを作ってくれたり、宿題を見てくれたり、修学旅行の用意もやってくれました。

「そのおばあちゃんは、あなたのことをなんて呼んでいましたか？」

「名前がヨシアキだったから、よっちゃんです」

「しばらく、そのよっちゃんに焦点を当てて話をしてもいいですか？」

Mさんは、うなずきました。

カウンセラーは、よっちゃんの小学生時代、中学生時代、そして高校生時代の話と順に聞き、大学生時代の話に至りました。彼は一貫して人の面倒を見てきており、人の喜ぶ顔をみたいと思って援助職を選んだと言いました。

「ところで、よっちゃんは、今もおばあちゃんに面倒を見てもらっているのですか？」

「いいえ、祖母は、私が中学生の時に亡くなりました。とっても悲しくて、学校に行くのもいやになった時期がありました」

「そうですか、それは悲しい出来事でしたね。ところで今、よっちゃんは、どうしていますか？」

「それはどういう意味ですか？」

「子どものよっちゃんは、今はいくつになっているのでしょう？」

再び質問をすると、Mさんは怪訝《けげん》な顔をしていました。

「昔のよっちゃんは、もう大人になっていませんか？」

「ええ、私の年齢になっています」

「ところでMさん、あなたはよっちゃんの面倒を見ていると思いますか？」

再び、Mさんは怪訝な顔になりました。

「もうおばあちゃんはおいでにならない。すると誰がよっちゃんの面倒を見ているのでしょうね？」

「そういう意味ですか、やっとわかりました。よっちゃんは大人だけど、誰も彼の面倒は見てあげていませんね」

「Mさん、これからよっちゃんの面倒を見るために、忘れてはいけないことがあります。それを見つける作業をしませんか?」

「ぜひやってみたいです」

カウンセラーは、紙とボールペンを用意しました。そして、子ども時代のよっちゃんに手紙を書くように言いました。「何を書いたらいいのですか?」とMさん。「あなたがよっちゃんに言ってあげたいことを何でもいいですから書いてください」

Mさんが書いた手紙は、以下のようなものでした。

よっちゃんへ

君が生まれたY県は、冬は寒くて凍えるようだったね。親はいつも忙しくて、君は寂しかった。でも、おばあちゃんがいてくれたので、やって来れたんだよね。そしてそのおばあちゃんは、君が中学一年の時に突然死んでしまった。君は寂しくて、ずっと泣いていた。親は、君が寂しがっているのは知っていたようだけど、仕事があって、君にかまっていられなかった。君はその寂しさに耐えて高校生になった。高校では剣道を一生懸命やっていたね。そして大学は名古屋にいった。

今日、気がついたんだ。大人になった僕は、本当はもっと君の面倒を見てあげなければいけなかったんだ。でも僕は、子どものときから人の面倒ばかりみてきた。面倒を見ると、みんなからいいやつだって感謝され、評価され、賞賛されたから。

そう、君のことをほったらかしにしてきてしまった。本当に悪かったね。でも、もう気がついた。つらい思いをして初めて気がついたんだ、僕は君の面倒をもっと見なければいけなかったんだ、って。今日から、君を大事にする。約束をする。人の面倒をみるのは仕事だから、それは仕方ないけど、もっと自分の面倒を見る。それが君の面倒を見ることだって考えれば、やれないはずはないから。

本当にごめんなさい。でも今日からの僕をよく見ていてほしい。君をおろそかになんて扱わない。大変ななかを一生懸命生きてきた君だもの。

ヨシアキ

Mさんのセルフケアは、こうして始まりました。朝、みんなと同じ時間に出勤するようになり、残業もやむをえない日に限るようになりました。家族との同居にはしばらく時間がかかりましたが、半年後には、妻が子どもをつれて戻ってきました。彼の謙虚さも次第に戻ってきました。職場での彼の評価は、今まで以上のものになりましたが、何でも自分が抱えこまないようにしているのがわかります。最近、彼はこう言いました。

「自分を大切にできないで、私はなにを大切にしようとしていたのでしょう。もえつきは、自信、自己肯定感、自己効力感、満足感など、さまざまなものを私から奪いました。でも、セルフケアに取り組み、私のなかにいる子ども時代の自分の存在を忘れないかぎり、私が再びもえつきて大切なものを失ってしまうことはないと思います。私はよっちゃんとともに生きてきて、今度またよっちゃんとともに生きようとしているのです。よっちゃんは、私の大切な存在なのです」

インナーチャイルドとは、誰の心の中にもいる子どもで、自分の記憶に残っている、小さな自分の姿をしています。真実の自己、または本物の自己とも呼ばれます。

インナーチャイルドはあなたの敵ではなく、あなた自身が本当は何を欲し、何を必要とし、何を感じているかを知っている存在なのです。しかし、アダルトチルドレンの人たちは、ありのままの自分を受けいれてくれない家庭で育ったので、インナーチャイルドをほったらかしにして、閉じこめたままにしています。インナーチャイルドワークとは、その人の中にいるインナーチャイルドを見つけて、手紙をかきます。インナーチャイルドの声に再び耳を傾けることによって、本来の自分の欲求を知り、子どものころの自分を癒し、そして自分を大切にして生きることができるようになるのです。

「よっちゃん」というのが、Mさんのインナーチャイルドでした。

セルフケアをする

最後に日々とりくんでもらうために、セルフケアについてお話しします。

セルフケアとは、自分にとって必要なことを、自分のために、自分で行うことです。

援助職は、自分をなるべく健康な状態にしておかなければ、人の面倒はみられません。もちろん、完璧なセルフケアなどありませんが、日々とりくむことで、自分をいい状態にし、よいバランスを保つことができるようになります。

具体的にはむずかしいことはひとつもありません。自分によいと思うことで、身近に手軽にできることを、日常的にすればいいのです。たとえば、緊張や混乱を感じたときには、自分を責めるのではなく、「リラックス、リラックス」と自分に声をかけ、深呼吸をする、お風呂にゆっくりつかって、好きな音楽を聴く、公園を散歩する、ストレッチをする、信頼できる友人と楽しくおしゃべりする、など……。

今日は疲れていると思ったら、残業はしないで帰る、たまには夕食をつくらないで外食する、早めに寝る、など、言われてみれば簡単なことなのです。でも、なかなかそれができていないのではないでしょうか。援助職はどうしても自分のことは後回しにしがちですから、ぜひ、意識的にとりくんでみてください。

セルフケアは、心身の疲れをとるためだけではなく、自分のニーズを満たします。自分のニーズを満たすと、心に余裕ができ、ゆったりとした気分になれます。自分のことをもっと見直すようになり、自分が好きになれます。そうして、自分を受けいれることができます。

自分を大切にする気持ちよさを、ぜひ味わってください。

セルフケア・チェック

次の項目に１～１０点で点数をつけてください。８～１０点は理想的です。７点以下のものは、自分のためにもう少しやってあげてください。

1　遊ぶこと（　　　　　　）
2　笑うこと（　　　　　　）
3　リラックスすること（　　　　　）
4　柔軟性をもつこと（　　　　　）
5　わからないことがあったら質問すること（　　　　　）
6　よく食べ、よく寝ること（　　　　　）
7　自分で意志決定すること（　　　　）
8　自分のニーズに注目すること（　　　　　）
9　自分を守ること（　　　　　　）
10　自分の感情を知り、適切に表現すること（　　　　　）
11　自分の考えや意見を主張すること（　　　　　）
12　自分がかけがえのない存在だと信じること（　　　　　　）
13　必要なときには助けを求めること（　　　　　）
14　自分のための時間をとること（　　　　）
15　なんでもほどほどにすること（　　　　　　）
16　イエス・ノーをはっきり言うこと（　　　　）
17　適度に体を動かすこと（　　　　　　）
18　心地よいふれあいや会話を楽しむこと（　　　　　　）
19　新しいものと出会って自分が変わること（　　　　）
20　自分の限界を知ること（　　　　　）

おわりに――悲しみにおしつぶされないために

私は、アルコール依存症の両親に育てられました。

両親とも依存症ですから、家庭には問題が次々と起こりました。小さいときから、家庭の問題に全神経を傾けて生きてきたので、自分のことは後回しでした。なるべく問題が起きないように、起きてもすぐにおさまるように、子どもながらに考えて、行動していました。ですから、自分の感情やニーズに焦点をあてることがむずかしかったのです。

私自身、二〇代でアルコール依存症になりました。病院へ入り、自助グループに入って回復した後、大学でソーシャルワークを勉強して、思春期の依存症の子どもたちの援助の仕事につきました。その後、結婚をして子どももでき、三〇歳になったころです。

職場では、クライエントに振りまわされたり、踏みこみすぎたり、適切な境界線がひけませんでした。疲れはてているのに仕事をたくさん抱えこんで、いつも頭痛がして、体はがたがたです。とうとう医者へかかりました。

そして、私は自分の問題に取り組みはじめました。私は自分の喪失体験を悲しみ、自分の人生で何を失ったのかを実感しました。そして失ったものを取りもどす努力を一生懸命にしました。だいぶたって、私は「自分が価値ある存在である」と思えるようになり、その価値ある自分の面倒をみはじめたのです。自分を価値ある人間だ、と思うとき、人は自分を投げやりには扱いません。尊敬と尊厳をもって接することでしょう。そしていつか、家族ともクライエントともシェアできるものを手に入れます。もっといいことは、生きることがすばらしく思えて、幸福感に包まれます。

今、私の人生は本物です。もはや私は否認しながら生きていません。現在の最悪な日のほうが、かつての最善の日よりもはるかにましだと思います。私は、悲しみにおしつぶされずにすみました。もし読者の皆様が、ご自分の健康なグリーフのために時間をかけ、取り組もうとしているなら、いくらでも力をお貸ししたいと思い、この本を書きました。

スコット・ジョンソン

スコットは、私が最も尊敬する援助者です。彼からどれほど多くの援助技術を学んだことでしょう。照れ屋で、謙遜家で、多くの学識とスキルをもつ、アメリカにおいてさえまれな援助者といえるでしょう。日本ではあまり知られていませんが、ベティ・フォード・センターの子どもプログラムは、彼が作り上げたものです。(株)アスク・ヒューマン・ケアの招きでなんども来日していることは、多くの皆様がご存知のことと思います。

今回、彼と私は、同じような考えからこの本を作ることになりました。機能不全家族に育ち、生きにくさを抱えている多くの人たちや、大きな喪失体験からいまだに癒されないままの生活を余儀なくされている方々に対して、回復のために役に立つ本はないだろうか、ということが一つの背景でした。

一方で、治療・援助専門職で、同じような喪失感をかかえたまま、仕事に没頭している方たちに出会うたびに、これではいつかバーンアウトを起こして、職場から去らなければならないかもしれないと心配し、何か役に立つ本を出したいと、彼との共著という計画が浮かびました。この本は、主として治療・援助専門職の方々を対象としていますが、そうした仕事に就いていない方々にもお読みいただけるように工夫をしました。

しかし、実際に作業が始まってみて、大変なことが一つありました。言うまでもなく、彼は英語圏の人間で、私は日本語圏の人間。お互いに母国語で書くものを日本語で出版するのです。結局、彼が英語で書いたものを、まず日本語にして私が書いたものとあわせ、それを今度は全部英語に直して彼に送り、彼が再び手を加えたものを私に英語で送ってきて、そして全体をまた日本語にして手を入れ、再度、全部英語に直し彼に送る……。このくり返しで本づくりがすすみました。

なんとかこの大きな難関を熱意でのりこえ、大月書店編集部の桑垣里絵さんのお力もかり、国籍の違う二人の原稿をまとめた一冊の本が完成したというわけです。

読者の皆様のご意見をちょうだいできましたら、また次の本に生かしたいと存じます。

水澤　都加佐

スコット・ジョンソン（Scott Johnson L.A.C.）

アディクション問題に関するカウンセラーとして、個人療法と集団療法を自身のオフィスで行う傍ら、Academy Professional Excellenceでは、ソーシャル・ワーカー対象の教育プログラムを担当している。アメリカだけではなく日本、メキシコにおいて数多くの講演やセミナーを実施。自身が依存症家族で育ったＡＣであり、アルコールと薬物依存症からの回復者でもある。ベティ・フォード・センターで依存症者の中で暮らす子どものための「子どもプログラム」を完成させた。

水澤都加佐（みずさわ・つかさ）

1943年生まれ。神奈川県立精神医療センターせりがや病院・心理相談科長、㈱アスク・ヒューマン・ケア取締役・研修相談センター所長をへて、ＨＲＩ（Healing&Recovery Institute：水澤都加佐カウンセリングオフィス所長）。アメリカでEAP（職場のアルコール対策）、インタベンション（介入）、家族プログラム、集団療法、共依存やグリーフへの援助、コンフリクト・リソリューション（メディエーション）、カップル・カウンセリング、ナラティブ・セラピー、認知行動療法、モティベーショナル・インタビューイングなどのトレーニングを受ける。多くの治療・援助者のスーパーバイザー、企業や官庁のメンタルヘルスに関するアドバイザーとしても活躍。著書に『仕事で燃えつきないために～対人援助職のメンタルヘルスケア』、訳書に『共依存かもしれない』（大月書店）など多数。http://www.mzs.jp

＊水澤都加佐カウンセリングオフィス　TEL&FAX 045-663-9027
＊グリーフワークセミナーのお問い合わせは上記へ

装画・本文イラスト　t.island トシマ
装丁・デザイン　しいらデザイン室

悲しみにおしつぶされないために
～対人援助職のグリーフケア入門
2010年9月1日　第1刷発行
2022年8月20日　第4刷発行

定価はカバーに表示してあります

著　者――水澤都加佐＋スコット・ジョンソン

発行者――中川　進
発行所――株式会社　大月書店
〒113-0033　東京都文京区本郷2-27-16
電話（代表）03-3813-4651
振替00130-7-16387・FAX03-3813-4656
http://www.otsukishoten.co.jp/
印　刷――三晃印刷
製　本――中永製本

ISBN 978-4-272-42014-8 C0011